beck'sche reihe

W0064024

b^{sr}

Die Geschichte Südafrikas ist die Geschichte eines jahrhundertelangen Kampfes zwischen „Schwarzen" und „Weißen" um Land
und politische Macht. Albrecht Hagemann beschreibt in diesem
Buch anschaulich und kenntnisreich die wechselvolle Geschichte
des Landes von der vorgeschichtlichen Zeit über die Ansiedlung
der Europäer, die „Burenkriege" und die Rassentrennungspolitik
bis hin zur Überwindung der Apartheid und dem schwierigen
Prozess der Demokratisierung in der Gegenwart.

Albrecht Hagemann, Dr. phil., legte bereits zahlreiche Arbeiten
zur Geschichte Afrikas und Südafrikas vor, so eine Biographie
über Nelson Mandela (²1997) sowie *Südafrika und das Dritte
Reich* (1989). Der ADAC-Reiseführer Südafrika stammt ebenfalls
aus seiner Feder.

Inhaltsübersicht

Vorwort

Die Geschichte Südafrikas ist die Geschichte eines Kampfes um Land und politische Macht. Seinen Ausdruck findet dieses jahrhundertelange Ringen nicht zuletzt in der Historiographie Südafrikas, in der Schwierigkeit, angemessene Begriffe, Namen und Daten für eine Beschreibung des Landes und seiner Geschichte zu finden. Denn sie sind in Südafrika häufig ideologisch aufgeladen, sie werden missbräuchlich benutzt, sind nicht selten auch überholt und durch neue ersetzt worden.

Aus pragmatischen Gründen wird in dem vorliegenden Text die sprachliche Unterscheidung zwischen „Weißen" und „Schwarzen" beibehalten, ebenso findet der Begriff „Coloureds" für Farbige, also Mischlinge, Verwendung. Die Coloureds leben hauptsächlich in der Kap-Region und sind ursprünglich aus Verbindungen zwischen den südafrikanischen Ureinwohnern und dunkelhäutigen Sklaven hervorgegangen. Dabei wird die Tatsache in Kauf genommen, dass diese Ausdrücke von den Vertretern der rassistischen Apartheidpolitik benutzt worden sind. Als Afrikaaner werden die Weißen meist holländischer Abstammung bezeichnet, für die sich häufig auch der Terminus „Bure" findet. Die Einfügung des Doppelvokals *aa* ist im Deutschen notwendig, um diese Bevölkerungsgruppe von dunkelhäutigen Afrikanern zu unterscheiden. Die afrikaanse Selbstbezeichnung lautet hingegen – ebenso wie der englische Begriff – „Afrikaner".

Die Benennung „Bantu" für die schwarzen Völker Zentral-, West- und Südafrikas geht auf den deutschen Philologen Wilhelm Heinrich Bleek zurück, der sich im 19. Jahrhundert mit der Erforschung der Sprachen Schwarzafrikas befasst hatte. Bantu bedeutet in diesen Sprachen „Mensch". Doch ist der Gebrauch des Begriffes in der Wissenschaft umstritten, vor allem, seit die weißen Minderheitsregierungen Südafrikas nach 1948 das Etikett „Bantu" benutzten, um es ihrer Apartheidpolitik dienstbar zu machen. Andererseits jedoch führen pragmatische Überlegungen auch die Wissenschaft dazu, sich des Bantu-Konzeptes zu bedienen – es bietet sich derzeit kein besserer Terminus, um die Gesamtheit der negriden Völker Südafrikas zu benennen. Aus diesem Grund soll auch hier an ihm festgehalten werden.

1. Südafrika – eine Wiege der Menschheit

Nahe dem kleinen Ort Taung in Südafrikas nördlicher Kapprovinz entdeckte im Jahre 1924 der Paläoanthropologe Raymond Dart die fossilierten Schädelreste einer Affenart, die, wie sich später herausstellen sollte, aufrecht zu gehen im Stande war. Australopithecus africanus, afrikanischer Südaffe, nannte Dart das Wesen und taxierte sein Alter auf ca. 1 bis 3 Millionen Jahre.

Der aufrechte Gang – das bedeutete einen Durchbruch im Prozess der Evolution, denn australopithecus africanus war in der Lage, seine Hände für die Anfertigung und Nutzung primitiver Werkzeuge zu gebrauchen.

Seit vielen Jahrzehnten debattieren Forscher in aller Welt darüber, wo die Ursprünge von homo sapiens zu suchen seien. Dieser Frage kann hier nicht weiter nachgegangen werden, auch nicht, ob es eine einzige Ursprungsregion von so genannten Hominiden, also Frühformen von homo sapiens gegeben hat oder aber, wie die Vertreter der Multiregionalität behaupten, mehrere Gebiete in verschiedenen Teilen der Erde. Kein Zweifel besteht jedoch daran, dass Südafrika eine, wenn auch vielleicht nicht die einzige Wiege der Menschheit war. Australopithecus africanus legt ein eindrucksvolles Zeugnis davon ab. In den Jahren 1936 bis 1939 entdeckte der schottische Arzt und Hobby-Paläoanthropologe Robert Broom in den Höhlen von Sterkfontein unweit Johannesburgs noch andere Schädelfragmente von australopitheciden; diese Funde wurden 1948 durch weitere ähnliche in Swartkrans ergänzt, das nur eineinhalb Kilometer von Sterkfontein entfernt liegt. Swartkrans gab in den sechziger Jahren auch die Schädelreste eines Hominiden frei, der über den aufrechten Gang hinaus auch über ein deutlich ausgeprägtes Gehirn verfügte. Homo erectus („der aufrechte Mensch") hatte ein Gehirnvolumen von 750 bis 1300 mm^3, das damit immer noch unter dem des modernen Menschen (bis zu 2000 mm^3) lag. Er lebte vor ca. 1 Million Jahren nicht nur im südlichen Afrika, sondern auch in anderen Teilen des Kontinents sowie in Europa und Asien. Wie sein unmittelbarer Vorläufer, homo habilis („der geschickte Mensch"), verstand homo erectus sich auf die Anfertigung und Nutzung primitiver Steinwerkzeuge. Ferner ist homo erectus vermutlich der erste Hominidentyp gewesen, der Feuer entfachen konnte.

Homo sapiens schließlich existiert im südlichen Afrika vielleicht seit 100 000 Jahren. Ausgestattet mit einem Hirnvolumen von ca. 1400 mm³ werden die ersten Vertreter dieses Typus' der Alt-Steinzeit zugeordnet, ihnen folgten vor rund 40 000 Jahren die Menschen der Mittleren und vor etwa 20 000 Jahren jene der Jung-Steinzeit. Rund 600 archäologische Fundplätze haben auf südafrikanischem Boden Artefakte der Steinzeit frei gegeben, darüber hinaus ist diese Region eine der wenigen der Erde, in der sich bis heute letzte Reste steinzeitlicher Lebensweise erhalten haben.

2. Sammler, Jäger und Viehhirten

Im Übergang von der Mittleren zur Jung-Steinzeit treten jene „ersten Südafrikaner" in das Licht der Geschichte, deren letzte Nachkommen heute noch in Botswana in schwindender Zahl leben: Es handelt sich um die San, die so genannten Buschleute, wie sie von den frühen weißen Siedlern am Kap kurzum bezeichnet wurden. Die Herkunft des Begriffs San ist unklar, früheste Zeugnisse aus der Zeit vor mehr als 20 000 Jahren existieren in Gestalt von Felsbildern.

Von kleiner, gedrungener Statur und mit auffallend gelblicher Hautfarbe sowie geschlitzt wirkenden Augen ausgestattet, nomadisierten die San seit Jahrtausenden in Gruppen von 20 bis max. 200 Personen. Sammler und Jäger waren sie und ihr Lebensraum erstreckte sich über das gesamte südliche Afrika bis in das heutige Simbabwe im Norden, ausgenommen jedoch die feucht-heißen Ebenen im südöstlich gelegenen Mosambik.

Auf Grund fehlender schriftlicher Überlieferung ist wenig über die San bekannt, insbesondere über ihre sozialen Organisationsformen. Es existierte wohl nur ein nomineller Häuptling in jeder stark egalitär geprägten Gruppe, dem u. a. auch die wichtige rituelle Funktion des Regenmachens zukam. Typisch für die Sprache der San sind die Klick-Konsonanten.

Insbesondere die auffallenden körperlichen Merkmale – die Hautfarbe und sowie die Gestalt der Augenpartie – haben immer wieder zu Spekulationen über die Herkunft dieses Volkes geführt. Die moderne Anthropologie löst sich von der lange Zeit vorherrschenden Annahme, die San sowie die schwarzen Völker Afrikas müssten als unterschiedliche Rassen betrachtet werden. Hingegen gewinnt jene Auffassung an Boden, die eine in grauer Vorzeit im mittleren Afrika ansässige einheitliche Bevölkerung annimmt, welche dann durch ihr Wachstum zur Wanderung und Erschließung neuer Gebiete Afrikas südlich der Sahara gezwungen wurde. Unter dem prägenden Einfluss von Umweltbedingungen – im weitesten Sinne des Begriffes – entwickelten sich sodann über

Tausende von Jahren differenzierte „gene pools", die zur Heraus-
bildung negroider Menschentypen oder aber auch von Menschen
mit gelblicher Hautpigmentierung führten.

Stumme, gleichwohl eindrucksvolle Zeugen der San-Kultur
bilden in ganz Südafrika die Malereien an Felsüberhängen sowie
in Höhlen. Die Bildmotive umfassen Jagdszenen und einzelne
Tierdarstellungen, unter denen die Elen-Antilope einen herausra-
genden Platz einnimmt. Nach heute vorherrschender Auffassung
standen die Malereien in enger Verbindung mit Trance-Tänzen von
San-Medizinmännern. Die Bilder drückten Angst und Hoffnung
der Menschen in psychischen Stresssituationen aus, vor allem vor
dem Hintergrund sich verändernder und verschlechternder Le-
bensverhältnisse. Vermutlich glaubten die San, dass Medizin-
männer, die gute Taten bewirkten, die Gestalt einer Elen-Antilope
annähmen. Umgekehrt galt, dass Schaden verursachende Medizin-
männer sich in Raubtiere verwandelten. Als sich die San in
nachchristlicher Zeit immer mehr durch eindringende schwarze
Völker einerseits und, freilich sehr viel später, durch weiße
Siedler andererseits in ihrem Aktionsradius bedrängt sahen,
übernahm das ihnen bis dahin unbekannte Rind anstelle der Elen-
Antilope, die Symbolfunktion des „Guten" während Waffen –
genauer: Gewehre – die Aggression und mithin das „Böse" darstellten.

Eine exakte Datierung der frühesten San-Felsmalereien ist
kaum möglich. In Namibia gibt es Darstellungen, deren Alter auf
26 000 Jahre geschätzt wird. Die Felskunst starb erst vor etwa 150
Jahren mit der Tötung des mutmaßlich letzten bekannt geworde-
nen San-Malers aus. Bei einem wegen Pferdediebstahls in den
Wittebergen des Free State erschossenen San fanden sich an einem
Gürtel befestigte kleine Farbbehälter aus Horn, in denen unterschiedliche Farbtöne enthalten waren.

Die San können also als Südafrikas Ureinwohner gelten. Sie benutzten noch keine Metalle, ihre Waffen bestanden aus Holz,
Knochen und Stein, weshalb sie dem jüngeren Steinzeitalter zugerechnet werden. Auch Töpferware war ihnen unbekannt, die
Aufbewahrung von kleinen Gegenständen und Flüssigkeiten erfolgte in ausgeblasenen Straußeneiern.

Während das Nomadenleben der San über Tausende von Jahren
ungestört verlaufen war, zeichnete sich vor etwa 2 000 Jahren in

den nördlichen Gebieten des heutigen Botswanas eine Entwicklung ab. Vermutlich war es Gruppen der dortigen San-Bevölkerung gelungen, in den Besitz von Rindern von weiter östlich lebenden schwarzen Völkern zu gelangen – sei es durch Tausch oder durch Diebstahl. Nahezu zeitlich parallel dazu erfolgte der Erwerb von Fettschwanz-Schafen, die wahrscheinlich von Sudanesen aus in weiter nordöstlich gelegenen Teilen Afrikas übernommen wurden. Bereits vier Jahrtausende vor der Zeitenwende war diese Schafart aus dem Nahen Osten in das nordöstliche Afrika gelangt.

Die allmähliche Absonderung eines Teils der nomadisierenden San in eine Gruppe rinder- und schafezüchtender Viehhirten markierte den Beginn einer kleinen Revolution im Subkontinent. Denn es bildete sich unter den neuen Viehzüchtern nun auch eine Vorstellung von individuellem Besitz – bezogen auf alle Ressourcen – heraus, bei der der auf Gemeinbesitz basierende Eigentumsbegriff der Sammler und Jäger nur störend wirken konnte; dadurch entstand eine ständige Konfliktquelle.

Etwa um die Zeitenwende setzten sich die Viehhirten auf ihrer Suche nach neuen Weidegründen südwärts in Bewegung und gelangten nach und nach in alle Teile des heutigen Südafrikas westlich der Sommerregenfall-Grenze, die das Land von Nord nach Süd in ungefähr zwei gleiche Hälften teilt.

Khoikhoi oder „Menschen der Menschen" nannten sich diese Viehzüchter, die Europäer verballhornten diesen Begriff später zu „Hottentotten". Khoikhoi und San ähnelten sich in ihrem Äußeren, auch ihre Sprache einschließlich der Klick-Konsonanten weist eindeutige Verwandtschaft auf. Zusammenfassend werden beide heute oft als Khoisan bezeichnet.

Verbunden mit dem Siedlungsraum der Khoikhoi im westlichen Südafrika war einerseits eine nur geringe Berührungsmöglichkeit mit den östlich der Regenfall-Grenze lebenden Schwarzen, andererseits aber ein ständiger Konflikt mit den überall im Lande jagenden San. Vor allem im Kampf um das Wild kam es zur Konkurrenz zwischen San und Khoikhoi, denn Letztere besaßen zwar Vieh, doch schlachteten sie es meist nur aus rituellen Anlässen. Aus den einst frei umherziehenden San wurden im Laufe der Zeit – aus der Not geboren – Viehdiebe. Denn Schafe und Rinder der Khoikhoi verbrauchten die ohnehin dünne Grasnarbe des semiariden Landes, das nunmehr kaum mehr genügend Nahrung für Zebras, Antilopen und anderes Wild hervorbrachte.

Die Khoikhoi als im Wesentlichen sesshafte Viehhirten bildeten eine differenziertere Sozialordnung aus als die San, auf welche sie zunehmend abschätzig herabblickten.

Als die ersten Europäer im 17. Jahrhundert ans Kap gelangten, fanden sie dort ca. neun deutlich unterscheidbare Khoikhoi-Gruppierungen vor, die vor allem entlang der Küsten des Atlantischen Ozeans lebten. Organisiert in kleinen Clans, herrschte zwischen diesen Gruppierungen eine relativ ausgeprägte Fluktuation. Normalerweise saß ein Häuptling einer solchen Gruppierung vor, manchmal teilten sich jedoch auch zwei diese Funktion. Dem Häuptling stand für die Ausübung seiner Pflichten ein Clan-Rat zur Seite, der zugleich dazu diente, dessen scheinbar autokratische Position einzuschränken.

Im Verlauf der Jahrhunderte gelang es den Khoikhoi, die San in ihrem ureigenen Siedlungsgebiet zu marginalisieren. Entweder zogen die San den Rückzug in einsame Berggegenden vor oder aber sie unterwarfen sich den neuen Herren und dienten ihnen fortab als Hirten und Jäger. Einigen gelang es auch, Vieh zu erwerben, eine Khoikhoi-Frau zu ehelichen und damit die Voraussetzung für eine Aufnahme in die Gemeinschaft der Khoikhoi zu schaffen.

Anders als die San zeigten die Khoikhoi Interesse am Erwerb neuer, ihrer Kultur bislang unbekannter Güter und Gegenstände. Sie ließen das Steinzeitalter hinter sich und übernahmen in den ersten nachchristlichen Jahrhunderten Metallwerkzeuge und Waffen schwarzer Völker, die östlich der Regenfall-Grenze lebten und die bereits die Herstellung von Eisengerät beherrschten. Dagga, ein Cannabis-Produkt, das wahrscheinlich ursprünglich als arabisches Handelsgut an die Küste von Mosambik gelangt war, entwickelte sich zu einem begehrten Rauschmittel der Khoikhoi; andere, vor allem der Alkohol, kamen seit dem 17. Jahrhundert aus Europa hinzu.

Doch bevor die Khoisan mit den Europäern in Berührung kamen, hatten sie sich in ihren östlichen und südöstlichen Siedlungsgebieten mit schwarzen Völkern auseinanderzusetzen.

3. Besiedlung durch Bantu-Völker

Schriftliche Quellen fehlen, die etwas über die Frühgeschichte der südlichen Bantu – denn um diese Untergruppierung geht es im Falle Südafrikas – aussagen könnten. Linguisten, Anthropologen und Archäologen müssen folglich kooperieren, wenn halbwegs verlässliche Aussagen über Herkunft und erstes Auftreten der Bantu im Subkontinent formuliert werden sollen.

Vieles liegt auch heute noch im Dunkeln, über manchem lichtet sich der Schleier der Unkenntnis. Südafrikanische Forschung über die Frühgeschichte der Schwarzen im Lande war immer eminent politisch, insbesondere jedoch nach 1948. Denn die Apartheid-apologeten vertraten mit Starrsinn die politisch durchsichtige Behauptung, Weiße und Schwarze seien seit dem 17. Jahrhundert nahezu gleichzeitig, jedoch von verschiedenen Richtungen, ins Innere Südafrikas vorgedrungen: die Europäer von Süden via Kap der Guten Hoffnung, die Schwarzen von Norden her über den Grenzfluss Limpopo. Demnach hätten die Weißen den Schwarzen niemals Land geraubt, etwa im Gegensatz zur Vorgehensweise der weißen Pioniere im Amerika der Indianer.

Vor allem auf Grund linguistischer Forschungen wird die „Urheimat" aller Bantu-Völker ungefähr im Gebiet des heutigen Kamerun vermutet. Noch Jahrhunderte vor Christi Geburt bewegten sich aus ungeklärten Gründen Teile dieser Bantu-Gemeinschaft Westafrikas in Richtung Süden. Dabei lässt sich zum einen eine mehr östlich-südöstliche Richtung identifizieren, die ihren Weg zunächst in den Raum der Großen Seen Zentralafrikas und sodann weiter südlich bis in das heutige Simbabwe nahm. Zum anderen erfolgte eine Wanderungsbewegung direkt südwärts quer durch die Regenwälder des Kongobeckens sowie Katangas und weiter über das heutige Angola bis an die Ufer des Limpopo, der die natürliche Nordgrenze Südafrikas bildet. Beide Wanderungsbewegungen vollzogen sich schubweise, über einen Zeitraum mehrerer Jahrhunderte.

Die frühen Völker der südlichen Bantu, die wahrscheinlich

noch Dialekte ein und derselben Sprache benutzten, siedelten in den ersten nachchristlichen Jahrhunderten im nördlichen Südafrika. Sie betraten das Land also zu einer Zeit, als das Römische Reich in Europa unter dem Ansturm der Völkerwanderung zerbrach und die Ankunft der Weißen an der Südspitze Afrikas noch über 1 000 Jahre auf sich warten ließ.

Diese Bantu werden der älteren Eisenzeit zugerechnet, einer Epoche, die sich im südlichen Afrika etwa von 250 bis 1100 n. Chr. erstreckte. Archäologen haben im nördlichen und nordöstlichen Südafrika rund 600 Schmelzstätten für Eisen- und Kupfererz entdeckt, die im Allgemeinen den ersten Bantu zugeordnet werden. Töpferware aus der Zeit um 450 n. Chr. fand man im Gebirgszug des Soutpansbergs im äußersten Norden des Landes, bizarr anmutende Kopfskulpturen aus Ton wurden nahe Lydenburg in der östlichen Provinz Mpumalanga von einem Schuljungen entdeckt. Ihre Datierung fällt auf etwa 500 n. Chr. So gut wie nichts ist über die Schöpfer dieser Kunstwerke bekannt, außer dass sie den Bantu zugerechnet werden können, in bescheidenem Umfang Tiere hielten und primitive Landwirtschaft betrieben.

Während der gesamten frühen Eisenzeit, also etwa im ersten Jahrtausend ihrer Existenz auf südafrikanischem Boden, verblieben diese Bantu in den Savannen des trocken-heißen Buschlands im nördlichen Südafrika, dort, wo Malaria und die Tse-Tse-Fliege der Rinderzucht enge Grenzen setzten.

Eine Gruppe indes gelangte bereits weiter südostwärts, entlang der Gebirgskette der Drakensberge in das Gebiet des heutigen KwaZulu-Natal am Indischen Ozean und schließlich sogar bis in die Region der Provinz Eastern Cape. Diese frühen Vertreter der so genannten Nguni-Sprachfamilie entwickelten allmählich die Rinderzucht, und es verwundert nicht, dass in den Stämmen der Nguni bis heute das Vieh eine herausragende wirtschaftliche und soziale Bedeutung besitzt. Vor allem die südlichen Nguni vermischten sich auch mit den Khoisan, was sich ebenfalls bis heute in einigen Klick-Lauten ihrer Sprachen zeigt.

Eine weitere Gruppe der frühen Bantu im südlichen Afrika wandte sich ostwärts in die Region des südlichen Mosambik am Indischen Ozean. Sie, die Tsonga, widmeten sich nicht der Viehzucht, da die Tse-Tse-Fliege dies in diesen Gebieten unmöglich machte. Statt dessen passten sie sich ihren Umweltbedingungen in der Weise an, dass sie sich zur einzigen Fisch essenden und Boote bauenden Gruppierung auf dem Subkontinent entwickelten.

Eine dritte Gruppe bildeten jene Bantu, die später als Angehörige der Sotho-Sprachfamilie identifiziert wurden. Sie verblieben in den Savannen des nördlichen Südafrikas, betrieben in bescheidenem – wegen der Tse-Tse-Plage – Umfang Viehzucht und wandten sich vor allem dem früheisenzeitlichen Bergbau und der Metallproduktion zu. Dies verschaffte ihnen eine bedeutende handelspolitische Position. Gegen Ende des ersten nachchristlichen Jahrtausends siedelten sich die Sotho an den Hängen der Drakensberge an; dabei lernten sie, sich den winterlichen Witterungsverhältnissen anzupassen und, in Ermangelung von Bauholz, Steinhäuser zu errichten.

Schließlich drangen Shona im 14. und 15. Jahrhundert aus dem heutigen Zimbabwe über den Limpopo südwärts vor und dominierten alsbald die dort ansässigen Sotho. Aus der Vermischung von Shona mit den Sotho ging das Volk der Venda hervor, das noch heute im Nordosten Südafrikas beheimatet ist.

Etwa zwischen 1100 und 1400 n. Chr. begann allmählich die Trennung der ursprünglich einheitlichen südlichen Bantu-Bevölkerung in vier linguistisch unterschiedene Hauptgruppen, denen jeweils einige Untergruppen zugeordnet werden können. Anders als die Apartheidtheoretiker des 20. Jahrhunderts argumentierten, die nicht müde wurden, nach dem Prinzip „teile und herrsche" die zweifellos vorhandenen Unterschiede zwischen diesen Gruppen zu betonen, sei hier nachdrücklich darauf hingewiesen, dass etwa in sprachlicher Hinsicht die Gemeinsamkeiten zwischen den vier Hauptgruppen eindeutig überwiegen. Nach van Warmelo und David Hammond-Tooke lassen sich Haupt- und Untergruppen folgendermaßen darstellen:[1]

A. Nguni

Untergruppe Aa	North Nguni
	dazu: Zulu, Swazi, Ndebele
Untergruppe Aaa	South Nguni
	dazu „eigentliche Kapstämme":
	Xhosa, Thembu, Mpondo, Mpondomise
	usw.
	ferner „späte Zuwanderer": Bhaca, Mfengu

B. Sotho

Untergruppe Bb	Western Sotho (Tswana) dazu: Kgatla, Ngwato, Thlaping, Hurutse usw.
Untergruppe Bbb	North Sotho dazu: Pedi, Lovedu, Kgaga usw.
Untergruppe Bbbb	South Sotho dazu: Kwena, Tlokwa usw.

C. Venda

Untergruppe Cc	Mphepu, Tshivase, Mphaphuli usw.

D. Tsonga

Untergruppe Dd	Nhlanganu, Nkuna, Tshangana usw.

Die einzelnen Bantu-Völker erbrachten im Laufe ihrer Jahrhunderte langen Entwicklung eine enorme Anpassungsleistung, die es per se verbietet, von ihnen als primitiven Völkern zu sprechen. Sie erfolgte dabei im Wesentlichen auf Grund unterschiedlicher klimatischer und allgemein ökologischer Bedingungen, die – sehr vereinfacht formuliert – eine Ost/West-Unterscheidung nahe legen. Demnach gehörten die Nguni und Tsonga zur östlichen, Weidewirtschaft gestattenden Küstenregion unmittelbar am und im Hinterland des Indischen Ozeans.

Hingegen sahen sich Sotho und Venda auf die eher trockenen Plateauregionen des nördlichen Binnenlandes, des so genannten Highveld, verwiesen. Beide Regionen mit ihren zugehörigen Boden- und Vegetationscharakteristika brachten eigene Kulturen hervor, die mit ihren Hauptmerkmalen im Folgenden knapp skizziert werden sollen.[2]

Die wichtigste Auswirkung betraf unterschiedliche Siedlungsmuster. Während die fruchtbaren und vergleichsweise gut bewässerten Landstriche des litoralen „Ostens" den dort lebenden Nguni- und Tsonga-Stämmen eine dezentralisierte und aufgelockerte Siedlungsweise ermöglichten, führten die eher kargen Böden des Highveld tendenziell zu einer konzentrierten Siedlungsstruktur unter Sotho und Tswana, die auch so etwas wie kleine Hauptstädte hervorbrachte. Politisch bedeutete das höhere Maß an Konzentration, dass die Häuptlinge hier eine effektivere Kontrolle über ihre Untertanen ausübten, die Herrschaft insgesamt vergleichsweise autokratisch erfolgte.

Umgekehrt entwickelte sich der Prozess der politischen Entscheidungsfindung bei den Nguni, insbesondere bei den Xhosa-sprechenden South Nguni, „demokratischer" – kein Geringerer als der aus der niederen Xhosa-Aristokratie stammende, erste demokratisch gewählte Präsident Südafrikas, Nelson Mandela, erinnert sich in seinen Memoiren an die viele Stunden in Anspruch nehmenden Sitzungen des Häuptlings mit seinen Beratern, deren Zeuge er während seiner Kindheit wurde.

Die eher lockere Herrschaftsweise bei den Nguni bedeutete ferner, dass einzelne Häuptlinge gegebenenfalls aus dem Stammesverband austreten konnten, da sie auf Grund der Ernährungsverhältnisse in der Lage waren, sich und ihr Gefolge unabhängig durchzubringen.

Der Grad der Zentralisation bestimmte in gewissem Umfang auch die unterschiedliche Entwicklung von Initiationsriten. Bei den Sotho und Venda waren Initiationsrituale stammesweit organisiert, bei den Nguni fanden sie eng begrenzt auf lokaler Ebene statt. Typisch für Sotho und Venda war die Aufstellung von Altersregimentern, in denen die jungen Erwachsenen zusammen gefasst wurden und in denen sich ein besonderer Korpsgeist entwickeln konnte, gespeist durch gemeinsam erlebte, schmerzhafte Rituale wie z.B. die Beschneidung. In Kriegszeiten nutzten die Häuptlinge diese Regimenter militärisch, im Frieden für organisierte Arbeitseinsätze.

Es ist aufschlussreich, dass im frühen 19. Jahrhundert auch Nguni – etwa die Zulu – zur Aufstellung solcher Regimenter übergingen. Möglicherweise geschah dies als Antwort auf die Notwendigkeit, angesichts wachsender territorialer Größe einen Integrationsmechanismus für alle Zulu zu schaffen. Im Übrigen unterschieden sich Initiationsrituale zwischen den Völkern des „Ostens" und des „Westens" nicht allzu sehr.

Wahrscheinlich hatte die jeweilige Siedlungsweise auch Auswirkungen auf die Heiratsregeln. Unter den Nguni und Tsonga galt das strikte Heiratsverbot innerhalb der Verwandtschaftsgruppe. Hingegen favorisierten Sotho und Venda derartige Verbindungen, vor allem solche mit einem angeheirateten Cousin. Denkbar ist, dass die Nguni- und Tsonga-Heiratsregeln die Einflussnahme über den einzelnen, isoliert liegenden Hof hinein in andere Höfe gestatteten, die Vermählten bildeten gleichsam Brückenköpfe zwischen beiden Verwandtschaftsgruppen und wirkten damit integrativ für die gesamte Gesellschaft. Dagegen erübrigte sich dies bei den Sotho und Venda weitgehend, denn hier erfolgte die Integration über die Kontrolle durch die Zentrale.

Die unterschiedlichen Siedlungsmuster bestimmten ferner die kosmologischen Systeme der verschiedenen Völker. Zwar herrschte bei allen Gruppen der südlichen Bantu die Vorstellung patrilinearer Abstammung, doch war und ist diese bei den Nguni weitaus stärker ausgeprägt. Bei ihnen spielt die Deszendenz eine herausragende Rolle, die väterliche Linie wird so weit wie möglich zurück verfolgt. Dies mag zusammen hängen mit dem strikten Gebot außerhalb der Sippe zu heiraten, jener starken Integrationsklammer der zerstreut lebenden Gesamtgruppe. Nguni betrieben ferner einen exklusiv patrilinearen Ahnenkult, während der Ahnenkult bei Sotho, Venda und Tsonga beide Geschlechter umfasste. Das Interesse bei Sotho und Venda an der Abstammung betraf sowohl die mütterliche als auch die väterliche Linie, in beiden Fällen wurde sie jedoch nur bis zu den Großeltern zurück verfolgt.

Vermutlich haben die unterschiedlichen Siedlungsmuster im „Osten" einerseits und im „Westen" andererseits auch die Furcht vor (weiblicher) Hexerei und (männlicher) Zauberei geprägt. Bei den Nguni dominierte die Angst vor Hexerei, wahrscheinlich deshalb, weil das Verbot der Heirat innerhalb der Sippe fremde Frauen auf den Hof brachte, was wiederum grundsätzlich Anlass zu Misstrauen gab. Hexerei wurde darüber hinaus mit geheimnisvollen Handlungen innerhalb des Hofgeländes konnotiert, etwas, wozu die ausschließlich im Haushalt beschäftigten Frauen geradezu prädestiniert schienen. Im Gegensatz dazu waren Männer hier außenorientiert, sie gelangten aus verschiedenen Gründen und unter allerlei Vorwänden in Bereiche außerhalb des Hofes – eine gute Gelegenheit, um Kräuter, Tiere und Gräser zum Zwecke der Zauberei zu beschaffen. Insgesamt fürchteten die Sotho die männliche Zauberei mehr als die Hexerei durch Frauen, denn bei ihnen war das Misstrauen gegenüber eingeheirateten Frauen gering, kamen sie doch häufig aus derselben Sippe.

Schließlich mag die aus den spezifischen Umweltbedingungen resultierende Siedlungsweise sogar die unterschiedlichen Vorstellungen von ritueller Unreinheit bestimmt haben. Danach galt „Hitze" den Sotho als unrein, ein Zustand, der durch Kühlrituale bekämpft werden musste. Dagegen drückte sich Unreinheit bei den Nguni mit Hilfe von Metaphern aus, die um Adjektive wie „schmutzig" und „dunkel" kreisten.

Die Erklärung für das Sotho-Konzept von Unreinheit liegt in dem Umstand, dass in ihrem Siedlungsgebiet Trockenheit und Dürre elementare, lebensbedrohende Probleme darstellten, die zugehörige Metapher „Hitze" das Böse schlechthin ausdrückte. Regen und die dazu gehörige Qualität „Kühle" symbolisierten hingegen Gesundheit, Wohlergehen und soziale Harmonie. „Hitze" galt typischerweise als Ergebnis des Kontaktes mit Toten, mit menstruierenden Frauen oder auch mit solchen Frauen, die eine Abtreibung hatten durchführen lassen. Auch Zwillinge galten als „heiß". Sotho-Rituale, die darauf abzielten, die Unreinheit zu neutralisieren, rückten die Idee von „Kühle" und Kühlung in den Mittelpunkt. Vorherrschende Kühlsubstanzen waren Wasser, Asche oder Holzkohle. Dabei konnte Wasser auch durch Bier, Schleim, Speichel oder Urin ersetzt werden. Zwillinge und abgetriebene Föten wurden in feuchter Erde bestattet, damit das Land nicht von Dürre heimgesucht werde.

Bei den Nguni, vor allem aber bei den Zulu, sah die Vorstellung ritueller Unreinheit völlig anders aus. „Dunkelheit" oder „Schmutz", hervorgerufen etwa durch Tod oder Zauberei, wurde durch Reinigung bekämpft. Das „Waschen der Speere" war ein typischer ritueller Akt, der nach einer Jagd vollzogen wurde. Einläufe und Erbrechen dienten dazu, die Vergiftung im Inneren eines Körpers zu bekämpfen.

Im Anschluss an A. Bryant erklärt Hammond-Tooke die Nguni-Idee ritueller Unreinheit durch die Isolation der Höfe in dieser Gruppe, durch die Vorstellung, als vollständig autarke soziale Einheit gleichsam wie ein menschlicher Körper zu existieren. Bedrohung entsteht für diese intakte Einheit durch üblen, eben „unreinen" Einfluss von außen – und dem musste sich erwehrt werden.

Allen Völkern der südlichen Bantu-Sprachfamilie war die Vorstellung eines Individualismus im europäischen Sinne fremd, statt dessen herrschten soziale Organisationsnormen vor, die etwa mit dem Konzept des Kommunalismus in Verbindung gebracht werden können. Kein individueller Rechtstitel verbriefte einer Nguni-

Familie die Berechtigung, auf einem Stück Land das Vieh zu weiden, vielmehr verlieh der Häuptling das Land auf Zeit. Die Gemeinschaft des Stammes bildete die entscheidende Bezugsgröße im Denken der Menschen, nicht das individuelle Lebensinteresse des Einzelnen. Die Nguni-Sprachen haben für diese Lebensphilosophie einen Begriff hervorgebracht, der nur unzureichend in europäische Idiome zu übertragen ist: *Ubuntu*. Er bedeutet ungefähr „Menschsein", die positive Essenz menschlicher Qualitäten. Konkret kann dazu die Bereitschaft und Fähigkeit gehören, zusammen zu arbeiten, zu teilen, niemanden in der Not im Stich zu lassen. Ein Xhosa-Sprichwort, das der Anti-Apartheidaktivist und ehemalige Erzbischof von Kapstadt, Desmond Tutu, gerne zu zitieren pflegt und *Ubuntu* recht treffend auf den Punkt bringt, lautet: „Ubuntu ungamntu ngabanye abantu". Zu deutsch: „Menschen sind Menschen durch andere Menschen".[3]

Selbstverständlich war auch die Welt der südlichen Bantu keine heile Welt, keine Idylle ohne Mord und Gewalt. Es wurden durchaus Kriege geführt, jedoch waren diese meist begrenzter Natur, häufig hatten sie den Charakter von Scharmützeln; es ging um Vieh und Viehdiebstahl, aber auch um ein Kräftemessen zwischen einzelnen Stämmen, bei dem junge erwachsene Krieger mit dem Gebrauch ihrer Speere imponieren wollten. Frauen und Kinder wurden in den Kämpfen so gut wie immer verschont, und auch das erbeutete Vieh des Unterlegenen wurde nicht selten wenigstens zum Teil zurück erstattet. Selbst in den Grenzkriegen gegen die vorrückenden weißen Siedler im 19. Jahrhundert ließen die Bantu-Kämpfer Frauen und Kinder ihrer Gegner weitgehend unbehelligt. Die von der weißen Propaganda in Europa und in Südafrika geschürte Vorstellung, Europäer müssten als Ordnungsmacht auf dem schwarzen Kontinent auftreten und die „Wilden" gleichsam vor sich selbst schützen, wird durch die Wirklichkeit nicht bestätigt; indes änderten sich die Verhältnisse, als die weißen Siedler mit Hilfe ihrer überlegenen Waffentechnik immer mehr Land für sich beanspruchten und die Bantu-Völker mehr und mehr in eine Notwehrsituation gerieten. Die Tötung Wehrloser war dann auf beiden Seiten kein Tabu mehr.

Die südlichen Bantu waren schließlich im 18. Jahrhundert in die vier großen Gruppen der Nguni, Tsonga, Sotho und Venda zerfallen. Noch vor der Ankunft der Weißen am Kap im 17. Jahrhundert hatten die Bantu im Norden Südafrikas neben Plätzen der Metallverarbeitung eine Reihe beachtlicher Befestigungsanlagen geschaffen, die in die Zeit zwischen 1000 und 1200 datieren. Am Limpopo, dort wo der Shashe River einmündet, überragt das Felsplateau von Mapungubwe das trockene Buschland. Auf dem Plateau und in anderen Siedlungen der näheren Umgebung herrschte seit etwa 1000 n. Chr. für ca. 200 Jahre eine Bantu-Gruppe, die vor allem den Gold- und Elfenbeinhandel mit den Küstenregionen von Mosambik kontrollierte. Von ihr kündet eine vergoldete Rhinozeros-Figur aus Holz, die 1932 auf dem Felsen gefunden wurde. Aus unbekannten Gründen wurde Mapungubwe um 1270 verlassen, statt dessen entstand limpopoabwärts weiter östlich im Gebiet des heutigen Krüger-Nationalparks die Palastanlage von Thulamela. Die „Herren von Thulamela" regierten bis etwa 1700 eine Region, die wegen der Handelswege aus dem Inneren des südlichen Afrikas hin zum Indischen Ozean von besonderer Bedeutung war. Schmuck und Porzellanreste, die sich auf dem Hügel von Thulamela fanden, bezeugen Handelsverbindungen bis nach Arabien und China.

Als Thulamela möglicherweise wegen anhaltender Dürre schließlich verlassen wurde, begann 2000 km weiter südwestlich die tastende Ausbreitung der Europäer vom Kap der Guten Hoffnung aus – und damit der Anfang vom Ende der Herrschaft von Khoisan und Bantu über den Subkontinent.

4. Ankunft und frühe Ausbreitung
der Europäer

Gewiss wäre die Geschichte Südafrikas anders verlaufen, hätte das Osmanische Reich nicht im Jahre 1453 Konstantinopel erobert. Die islamische Macht auf der Landbrücke zwischen Europa und Asien zwang die europäischen Kaufleute dazu, alte Handelswege aufzugeben und den einträglichen Gewürzhandel mit Ostasien nunmehr auf dem Seeweg über den Atlantischen und den Indischen Ozean abzuwickeln. Damit kam der Südspitze Afrikas, vor allem aber dem Kap der Guten Hoffnung, eine Scharnierfunktion zu, lag diese Region doch etwa auf halbem Wege zwischen Europa und Ostasien. Vereinzelt setzten Europäer erstmals gegen Ende des 16. Jahrhunderts ihren Fuß auf südafrikanischen Boden. Bereits 1590 berichteten portugiesische Schiffbrüchige über Begegnungen mit Xhosa an der Küste der südöstlich gelegenen Transkei. Seit der Mitte des 17. Jahrhunderts ankerten immer wieder europäische, insbesondere holländische, Segelschiffe in der Tafelbucht vor der später dort angelegten Siedlung Kapstadt. Die Besatzungen betraten das Land und gerieten in Kontakt mit den hier ansässigen Khoikhoi. Fast immer waren es nur Reste der Crews, viele Seeleute starben während der wochenlangen Überfahrten an Skorbut, einer Krankheit, die durch Mangel an Vitamin C hervorgerufen wird.

Vor allem Schiffe der holländischen „Vereenigde Oostindische Compagnie" (VOC), der Vereinten Ostindischen Kompanie mit Sitz in Amsterdam, liefen das Kap auf ihren langen Reisen zwischen Holland und Batavia im heutigen Indonesien an.

Im Jahre 1651 beschloss das Entscheidungsgremium der im 17. Jahrhundert mächtigen VOC, die „Heren Zeventien", (die „17 Herren"), den Kaufmann Jan van Riebeeck zu ermächtigen, am Kap der Guten Hoffnung eine Versorgungsstation für Schiffe der Gesellschaft zu errichten. Frische Lebensmittel vom Kap würden künftig die Menschenverluste an Bord der Segler mindern, darüber hinaus sollte noch ein Hospital gegründet werden. Van Riebeeck, der am 6. April 1652 zusammen mit Frau und Sohn an Bord der „Drommedaris" in der Tafelbucht landete, erhielt auch die Weisung, friedlichen Umgang mit den Khoikhoi und möglichen anderen Europäern am Kap zu pflegen. Keinesfalls ging es den Herren in Amsterdam darum, Land zu besetzen. Innerhalb einer Woche nach seiner Ankunft jedoch machte sich van Riebeeck bereits daran, eine Befestigungsanlage unter dem Tafelberg anzulegen. Das Fort war Vorläuferin jener Festung, die im Jahre 1666 der Nachfolger van Riebeecks, Zacharias Wagenaar, zu errichten begann und die das älteste erhaltene Bauwerk Südafrikas ist. Zum Hinterland der Kaphalbinsel – wenn man so will: zum ganzen afrikanischen Kontinent hin – grenzte der Holländer sein Einflussgebiet mittels einer Mandelbaumhecke ab, auch deren Reste sind heute noch zu erkennen. Zeitweilig dachte man in Amsterdam übrigens daran, die Trennung der VOC-Station „von Afrika" durch den Bau eines Kanals von der False Bay im Osten bis zur Tafelbucht im Westen der Halbinsel zu stärken, ein Projekt, das jedoch wieder verworfen wurde.

Auch wenn die VOC keine formale Kolonie zu gründen beabsichtigte, lief die Entwicklung doch in diese Richtung. Im Jahre 1657 entließ sie neun Angestellte aus ihren Diensten, um ihnen die Bewirtschaft eigener kleiner Farmen am Osthang des Tafelberges zu ermöglichen. *Free burgher* hießen die Entlassenen fortan, weiße Siedler in Südafrika, die unabhängig von Weisungen der allmächtigen Kompanie waren. Im Gebiet des späteren Stellenbosch unweit Kapstadts ließen sich 1679 20 weitere *free burgher* nieder, die Nachricht hiervon lockte erstmals weiße Frauen zur Einwanderung ans Kap. Außer weiteren entlassenen Seeleuten, die von der VOC im rückwärtigen Hinterland der Kaphalbinsel angesiedelt wurden, sowie Immigranten aus Norddeutschland kam mit Hilfe der Kompanie im Jahre 1689 auch eine Gruppe von rund 180 französischen Protestanten, Hugenotten, als Religionsflüchtlinge nach Südafrika. Sie fanden ihre Heimat in Franschhoek, zu deutsch Franzoseneck, unweit Stellenboschs.

Auf Grund von Streitigkeiten der *free burgher* mit dem Gouverneur der VOC vor Ort drosselte die Kompanie in der ersten Hälfte des 18. Jahrhunderts den Zustrom von Siedlern, versuchte ihn aber ab 1750 in Erwartung wirtschaftlicher Vorteile wieder anzukurbeln. Doch das Echo in Europa war recht schwach, weit mehr Emigranten verließen den alten Kontinent in Richtung Amerika. Als die VOC ihre Herrschaft im Jahre 1795 beenden musste, lebten nur ungefähr 15 000 *free burgher* am Kap. Innerhalb weniger Jahrzehnte, seitdem Jan van Riebeeck dort an Land gegangen war, entstand aus holländischen, deutschen und französischen Wurzeln ein eigenes „afrikanisches" Volk, dessen früheste bekannte Selbstbezeichnung auf das Jahr 1707 zurückgeht. Ein gewisser Hendrik Bibault bekannte damals öffentlich, er sei ein „Africaander".[4]

Von Anfang an trat die VOC den eingesessenen Khoikhoi als Handelspartner gegenüber. Fleisch war das Objekt des Interesses auf Seiten der Kompanie, die Khoikhoi verlangten im Gegenzug Tabak, Kupfer und Eisen. Den Tausch von Metallen untersagte die VOC noch 1652, dem Jahr der Landung van Riebeecks, weil diese zur Waffenherstellung genutzt werden könnten. Die ständig zunehmende Nachfrage der Holländer nach Frischfleisch führte sowohl zu einem Anstieg der Preise als auch zu einer Zurückhaltung dieses Gutes durch die Khoikhoi. Beides war nicht dazu angetan, das Verhältnis zwischen diesen und der VOC zu verbessern. Letztere unternahm immer öfter Expeditionen ins Landesinnere, um an Vieh zu gelangen, darüber hinaus gab es Überlegungen, Khoikhoi in die Sklaverei zu überführen, ein Ansinnen, dass von der VOC-Zentrale in Amsterdam untersagt wurde. Nicht genug damit, dass sich das Verhältnis der Kompanie zu den Khoikhoi verhärtete, auch die *free burgher* bereiteten ihrer ehemaligen Dienstherrin nun zunehmenden Verdruss. Denn zum Unwillen der Gesellschaft zeigten sich die *free burgher* bereit, den Khoikhoi höhere Preise für ihr Vieh zu zahlen. Wechselseitige Viehdiebstähle verschlechterten die Beziehungen, und nach einem offenen Konflikt im Jahre 1659 erkannten die Khoikhoi die VOC-Herrschaft über die Ländereien der *free burgher* an.

Nach 1673 gerieten die Khoikhoi mehr und mehr in die Defensive, sie akzeptierten schließlich das Recht der Kompanie, Streit auch zwischen ihren eigenen Clans und Gruppen zu schlichten. Hier lag ein wichtiger Grund für die wachsende Übermacht der VOC: Sie war im Stande, sich die Zerstrittenheit der Khoikhoi-Gruppen zu Nutze zu machen. Ungünstig für deren „politische" Situation gegenüber den Holländern wirkte sich ferner aus, dass ihre Viehbestände in Relation zu jenen der *free burgher* rapide abnahmen. Allmählich wandelten sich die einst freien Khoikhoi zu abhängigen Arbeitern und Viehhirten in Diensten der Weißen, sie waren obendrein billiger als weiße Arbeitskräfte. War ihre soziale und politische Stellung somit ohnehin geschwächt, rafften Pockenepidemien, von denen jene des Jahres 1713 die schlimmste war, große Teile der Khoikhoi-Bevölkerung dahin, ein Schicksalsschlag, der ihren Status gegenüber den Weißen weiter verschlechterte.

Noch ehe die *free burgher* den Wert der Khoikhoi als billige Arbeitskräfte richtig schätzen gelernt hatten, begann die VOC bereits 1658/59 mit der Einfuhr von Sklaven ans Kap. Die meisten von ihnen, die bis zur Abschaffung des Sklavenhandels im Jahre 1807 ins Land kamen, stammten aus Indonesien, Madagaskar, Indien sowie von der ostafrikanischen Küste. Ihre Gesamtzahl lag schließlich bei etwa 60 000, das jährliche Wachstum der Sklavenbevölkerung entsprach ungefähr demjenigen der *free burgher*. Es kam nicht zu einer Masseneinfuhr von Sklaven, wie sie typisch gewesen war für die Plantagenwirtschaft der amerikanischen Südstaaten. Die meisten Sklavenbesitzer in Südafrika hatten weniger als fünf Sklaven, nur einige wenige herrschten über rund 50.

Während lange Zeit die Meinung dominierte, das Leben der Sklaven am Kap sei vergleichsweise erträglich abgelaufen, kommt die neuere Forschung zu anderen Ergebnissen. Zwar konnten Sklaven durchaus auch als Handwerker und Künstler arbeiten, wovon noch heute manch schöner kapholländische Hausgiebel Zeugnis ablegt, doch waren sie ansonsten rechtlos, mit Ausnahme ihres, dem Römischen Recht der VOC zu Grunde liegenden Naturrechts, leben zu dürfen und nicht grundlos getötet zu werden. Die christliche Taufe führte bei weitem nicht so häufig zur Freilassung, wie oft vermutet wurde, abgesehen davon, dass ein Übertritt zum Christentum für viele der muslimisch geprägten Sklaven tabu war. So bildete die Flucht das einzige Mittel, ihrem Schicksal, einem drakonischen Strafkatalog der weißen Herren für alle möglichen Vergehen sowie der sexuellen Drangsalierung, zu entkommen. Entsprechend hart wurden Fluchtversuche geahndet. Nur kleinere und darüber hinaus erfolglose Rebellionen der Sklaven fanden statt – zu gering war ihr Konzentrationsgrad, nahezu aussichtslos die Möglichkeit sich zu organisieren.

Europäer, unter ihnen vor allem Holländer, in geringerem Maße auch Deutsche und Franzosen, sowie Khoisan und schließlich die

Sklaven bildeten jene drei Gruppen, die das Kap bis zum Ende des 18. Jahrhunderts besiedelten. Vor allem aus der Vermischung von Khoisan und Sklaven gingen allmählich die so genannten Coloureds, die Farbigen, hervor, die sich entweder zum christlichen Glauben calvinistischer Prägung oder aber zum Islam bekannten.

Aus der freiwilligen oder aber erzwungenen Zusammenarbeit von Europäern, Khoisan und Sklaven entwickelte sich bis zum Ende des 18. Jahrhunderts eine Siedlungsstruktur, die im Wesentlichen drei Schwerpunkte besaß. Das Zentrum bildete fraglos Kapstadt in der äußersten Südwestecke des Kaplandes. Die kleine Metropole war Sitz der VOC-Regierung über die Kolonie. Hier, unter dem Tafelberg, sprach die Kompanie Recht über *free burgher*, Sklaven sowie Soldaten und Matrosen. Darüber hinaus war die Stadt aber nicht nur Verwaltungs-, sondern auch Handelszentrum. Sie verfügte über den einzigen Markt weit und breit, auf dem die Farmer landwirtschaftliche Produkte und Vieh gegen Tuch, Gerätschaften, Kaffee, Zucker oder Sklaven tauschten.

Im südwestlichen Kapland, in Kapstadts Hinterland, breiteten sich als zweiter Schwerpunkt die Farmen der *free burgher* aus. Sie erwirtschafteten Weizen und Wein und nutzten dabei die Arbeitskraft von vielleicht 10 Sklaven sowie Gelegenheitsarbeitern der Khoisan zur Erntezeit. Aus der Zeit des späten 18. Jahrhunderts, einer wirtschaftlichen Boomphase, stammen die herrlichen Farmgebäude dieser Region im charakteristischen kapholländischen Stil.

Schließlich brachen – drittens – seit dem Ende des 17. Jahrhunderts einzelne Farmer nord- und ostwärts aus dem bisherigen Siedlungsgebiet aus und zogen über die Hottentotts Holland-Berge sowie in die Region Overberg, wobei sie die ansässigen Khoisan entweder von ihrem Land vertrieben oder sie zu Lohnarbeitern degradierten. Diese so genannten Trekboeren suchten neues Weideland und Vieh, das sie auf die eine oder andere Weise von den Khoikhoi zu erwerben trachteten. Ermutigt wurden sie durch das *loan farm system* seitens der VOC: Gegen Anerkennung des Kompanie-Eigentums und Zahlung einer jährlichen Pacht oder einer Gebühr konnten die Trekboeren neues Farmland praktisch unbegrenzt bewirtschaften. Durch ihre ständige Suche nach Wasser und Weideland, das Vorhandensein billiger Arbeitskraft und die scheinbar unbegrenzten Siedlungsmöglichkeiten jenseits der Küstengebirge entwickelten die Trekboeren einen bemerkenswerten Sinn für Unabhängigkeit, der im Verlauf der weiteren Geschichte Südafrikas einige Bedeutung erlangen sollte.

Gegen Ende des 18. Jahrhunderts hatten Siedler europäischer Abstammung den Großteil des Landes westlich des Fish River und südlich des Gariep River (Oranje) mehr oder weniger in Besitz genommen. Im Osten kam es zu ersten Scharmützeln mit Angehörigen der Xhosa – Vorboten von Kriegen, die rund ein Jahrhundert dauern sollten. Nördlich des Gariep siedelten mit den Griqua und den Korana zwei Gruppen, die gleichsam Produkte der kapländischen Kolonialgesellschaft waren: Die Griqua stammten teilweise von den Khoikhoi ab und galten nach den herrschenden Normen nicht als Weiße. Gleichwohl besaßen sie – und das unterschied sie von anderen Nichtweißen – Pferde und Gewehre, ferner sprachen sie Holländisch und bekannten sich zum Calvinismus. Die Korana hingegen, eine Gruppe von Khoikhoi, die mit ihren Herden der Vereinnahmung durch die weißen Siedler entflohen, behaupteten keine europäische Herkunft; sie ließen sich zwischen dem Gariep und Stämmen der Sotho-Tswana einerseits sowie Herero im späteren Namibia nieder.[5]

5. Mfecane und Großer Treck

Zu Beginn des 19. Jahrhunderts gerieten die ostwärts vordringenden Europäer erstmals in Kontakt mit Angehörigen schwarzer Stämme. Es waren dies häufig Versprengte und Teilgruppen größerer Verbände, die eine der tiefgreifendsten Umwälzungen in der südafrikanischen Geschichte überlebt hatten.

Mit dem Begriff *Mfecane* (Nguni für „Zermalmen") bzw. *Difaqane* (Sotho für „Vertreibung") wird in der historischen Forschung ein fast dreißig Jahre andauernder Prozess der Herrschaftsveränderung und -ausdehnung bezeichnet, der mit Zerstörung und Vernichtung unter den schwarzen Völkern Südafrikas verbunden war und der etwa 1817 begann und Mitte der 40er Jahre des 19. Jahrhunderts endete. Oder ist die *Mfecane* nur ein Mythos, eine Erfindung weißer Historiker, die damit von der Schuld der Weißen an der Vernichtung zigtausender Schwarzer ablenken wollen?

Vergleichbar dem Dunkel, in welches die eingangs skizzierte Frühgeschichte der Besiedlung Südafrikas durch Bantu-Völker getaucht ist, verhält es sich mit den Ursprüngen der *Mfecane*. Umstritten sind sie vor allem deshalb, weil nur wenig schriftliche Überlieferung das Geschehen bezeugt, an dessen Ende die politische Landkarte der Region neu zu zeichnen war.

Wahrscheinlich trugen mehrere Faktoren zu der „Revolution" im Südosten des Landes bei, die sich dann als Kettenreaktion über weite Gebiete Südafrikas ausbreitete. Im Kern handelt es sich bei der *Mfecane* um die gewaltsame Ausweitung der Zulu-Herrschaft mit all ihren Folgen für angrenzende Völker und Stämme. Einige Forscher vermuten ökologische Ursachen im weitesten Sinne für diesen Vorgang: Danach war Siedlungs- und Weideland für die Zulu zu knapp geworden, ein „Ausbruch" nahezu unumgänglich. Diese Deutung ließe sich mit den Auswirkungen nachweisbarer, verheerender Trockenheiten im Siedlungsgebiet der Zulu am Ende des 18. und zu Beginn des 19. Jahrhunderts verbinden. Andere machen den von Weißen in der portugiesisch beherrschten Delagoa Bay von Mosambik betriebenen Sklaven- und Elfenbeinhandel für den Ausbruch der *Mfecane* verantwortlich. Verknüpft mit der These, schwarze Völker seien zeitgleich von Westen her durch die vorrückenden Trekboeren in Bedrängnis geraten, gelangt diese Interpretation zu der Feststellung, bei der *Mfecane* handle es sich um einen von den Weißen erfundenen Mythos.[6] Wenig Zuspruch findet in der jüngeren Forschung hingegen jene Deutung, wonach die *Mfecane* nahezu ausschließlich auf den kriegerischen Impetus und das Genie einzelner Persönlichkeiten (etwa Shaka Zulus) zurückzuführen sei.

Gleichwohl: Als ein wesentlicher Ausgangspunkt der *Mfecane* darf der Aufstieg des eher unbedeutenden Zulu-Volkes unter Shaka durchaus angesehen werden. Zwischen einigen Zulu-Stämmen im nördlichen Natal, die Druck auf die weiter südlich lebenden ausübten, war es zu Beginn des 19. Jahrhunderts zu Konflikten gekommen. Einer dieser Stämme, jener der Mthethwa, wuchs rasch unter der Führung seines Häuptlings Dingiswayo. Dingiswayo hatte Reformen durchgeführt, von denen die Aufstellung von Regimentern für junge Männer gleichen Alters eine der bedeutendsten war. Dieses stehende Heer bildete die Voraussetzung für eine expansionistische Politik. Das Mthethwa-System wurde von Shaka, der unter Dingiswayo gedient hatte, übernommen. Um 1820 übte Shaka die Herrschaft über ganz Natal nördlich des Thukela River aus, dabei vereinigte er die nördlichen Stämme zu einem straff organisierten Einheitsstaat, der von weiten und weithin menschenleeren Gebieten umgeben war. Shaka regierte wie ein absoluter Monarch, jegliche Opposition warf er mit seinen Regimentern nieder, deren Kämpfer mit dem typischen kurzschaftigen Speer ausgerüstet waren. Strategisch geschickt im ganzen Land platzierte Militärbaracken taten ein Übriges, die Macht Shakas zu festigen.

Der eigentliche Ausbruch der Mfecane begann mit der Flucht der Ndwandwe-Häuptlinge Soshangane und Zwangendaba nach ihrer Niederlage gegen Shaka. Mit ihren Einheiten rückten sie 1821 getrennt im südlichen Mosambik ein. Soshangane floh schließlich weit hinauf in den Norden in das heutige Tansania, nachdem er erneut von Shakas Truppen geschlagen worden war. Zwangendaba seinerseits unterlag in Kämpfen Soshangane und zog sich ebenfalls nordwärts über den Sambesi zurück, wo er zwischen dem heutigen Lake Malawi und dem Lake Tanganyika das Königreich Ngoni gründete. Im Jahre 1834 lag das Land südlich des Zulu-Königreiches zwischen dem Thukela und dem Mzimkhulu River verwüstet dar. Die zum Volk der Xhosa gehörenden Thembu flohen südwärts und griffen die Mpondo an. Alljährlich überfielen die Zulu in einzelnen Expeditionen das südliche Natal, raubten Vieh und zerstörten die Felder. Andere Stämme Natals suchten Zuflucht in den Siedlungsgebieten der South Nguni, darunter Teile der Zizi, Hlubi und Bhele, die sich unter den Xhosa niederließen und von diesen *amaMfengu* (von *ukufenguza*: „die schutzsuchend Herumwandernden") genannt wurden.

Die weitreichendsten Wirkungen zeitigte die *Mfecane* jedoch auf dem Highveld, den Hochflächen des südafrikanischen Binnenlandes. Der Prozess begann mit der Vertreibung zweier Nguni-Völker, der Ngwane und der Hlubi, im Inneren Natals, den so genannten Midlands, unterhalb der Kette der Drakensberge gelegen. Raub und Plünderung erstreckten sich westwärts bis in das Gebiet der Tswana und einzelne Reisende in der Region des Highveld berichteten über Bilder der Zerstörung. Das Land war stellenweise mit Menschenknochen übersät, Bauten aus Stein waren niedergerissen und Flüchtlinge fanden sich auf den Status von Jägern und Sammlern zurückgeworfen, die in Einzelfällen im Kannibalismus Rettung suchten. Erst der Häuptling Moshoeshoe besaß die Kraft und Fähigkeit, versprengte Stammesreste um sich zu sammeln und damit die Grundlage für den Stamm der Basotho zu legen, der den Kern des heutigen Königreichs Lesotho bildet.

In das südliche Transvaal drang nach 1821 der Ndebele-Heerführer Mzilikazi ein, nachdem er sich von Shaka getrennt hatte. Im Jahre 1826 bewegten sich die Ndebele weiter westwärts und unterwarfen die schlecht gewappneten Tswana, wobei sie sich unter Mzilikazis Führung einen andauernden Ruf besonderer Brutalität und Zerstörungswut erwarben. Mzilikazi seinerseits fand auf Grund waffentechnischer Unterlegenheit 1836/37 seine Meister in den nach Nordosten vorrückenden Buren, vor denen die Ndebele schließlich nordwärts über den Limpopo in das heutige Simbabwe auswichen.

Nahezu zeitgleich mit den revolutionären Umwälzungen unter den schwarzen Völkern im Osten, Norden sowie in der Mitte Südafrikas setzte auch ein folgenreicher Wandel der Verhältnisse im Gebiet der VOC-Kolonie am Kap ein.

Im Jahre 1795 gelangte die Kolonie erstmals unter britische Herrschaft, nachdem die Franzosen während der Napoleonischen Kriege die Niederlande besetzt hatten. Die Briten hatten bereits seit langem ein begehrliches Auge auf das Kap der Guten Hoffnung geworfen, mochte ihre dortige Vorherrschaft doch den Seeweg nach Indien sichern helfen. 1803, nach dem Frieden von Amiens, zogen sie sich jedoch kurzfristig wieder von der Südspitze Afrikas zurück, um der niederländischen Batavischen Republik als Rechtsnachfolgerin der VOC Platz zu machen. Endgültig realisierte London dann seine Ansprüche auf die Kapkolonie im Jahre 1806, nachdem ein Jahr zuvor die Feindseligkeiten auf dem europäischen Kontinent wieder aufgeflammt waren. Mit 6700 Mann landeten die Briten nahe der Tafelbucht und zwangen die Holländer nach wenigen Tagen zur Übergabe des Kapstädter Forts. Damit begann die Geschichte der britischen Herrschaft zunächst über die Kapkolonie, später über ganz Südafrika.

Die Briten beließen der Kolonie das Römisch-Holländische Recht, so dass es hier nicht zur Einführung des Code Napoleon kam. Sie stützten sich bei ihrer Machtausübung eindeutig auf die landbesitzenden Farmer und trugen damit zunächst zur Stabilisierung der bestehenden Herrschaftsverhältnisse bei. Für die Farmer bedeutete der Herrschaftswechsel unter dem Tafelberg den Beginn einer Phase wirtschaftlicher Prosperität, denn der Markt für ihre Produkte erweiterte sich nun beträchtlich. Die Einführung von Wolle liefernden Merinoschafen erwies sich insofern als folgenreich, als die Schafzucht eine ständige Ausdehnung des vielfach trockenen Farmlandes verlangte und damit die Gier nach neuem Land mit sich brachte.

War es den Briten anfangs nur um die Inbesitznahme des strategisch wichtigen Postens Kapstadt gegangen, änderte sich ihre Interessenlage, als immer mehr britische Siedler in die Kolonie kamen. Im Jahre 1820 ließen sich rund 4000 Briten im östlichen Grenzgebiet der Kapkolonie nieder – dort also, wo sich zugleich der südlichste Siedlungsraum der Xhosa befand. Lord Charles Somerset, der britische Gouverneur am Kap, hatte die Zuwanderung aus Großbritannien mit dem Argument angeregt, die wachsenden Grenzkonflikte zwischen weißen Farmern und den Schwarzen seien nur durch die zahlenmäßige Stärkung der Weißen zu deren Gunsten zu entscheiden. Die Städtchen Grahamstown und Cradock wurden somit zu Grenzposten der Europäer gegenüber den Xhosa.

Die Briten brachten auch die Vorstellung an das Kap mit, unter der Flagge des Imperiums müsse diese Weltgegend ein „besserer Flecken Erde" werden. Es schlug die Stunde der Philanthropen und der christlichen Missionare. Seit 1808 war der Sklavenhandel in allen britischen Kolonien untersagt, 1809 und 1812 erließen die britischen Gouverneure am Kap Gesetze, die zumindest die physische Gewaltanwendung von Arbeitgebern gegenüber ihren Khoisan-Arbeitern einschränkten; dennoch lieferte das rechtliche Ungleichgewicht zwischen beiden Seiten auch weiterhin genügend Anlass für harsche Kritik christlich und anderweitig inspirierter Philanthropen.

Mit Georg Schmidt, einem Angehörigen der Mährischen Brüder, war bereits 1736 der erste Missionar ans Kap gekommen. Unter holländischer Herrschaft dominierte jedoch noch ganz eindeutig der calvinistische Einfluss, so dass sich rege Missionstätigkeit erst mit der Ankunft der Briten entfaltete. Mährische Brüder, Methodisten sowie vor allem die kongregationalistische London Missionary Society (LMS) wirkten fortan außerordentlich intensiv in der Kapkolonie. Insbesondere unter den zum Teil brutal ausgebeuteten Khoisan fanden die Missionare eine dankbare Klientel und es verwundert nicht, dass entscheidende Anstöße zur Reform der Rechtsverhältnisse zwischen Khoisan und Sklaven einerseits sowie den weißen Herren der Kolonie andererseits von Seiten der Missionare kamen. Allerdings erfolgten diese Anstöße zu einer Zeit, die unter ökonomischen Gesichtspunkten betrachtet, ohnehin mehr als reif für die Abschaffung starrer Rechtsbeziehungen zwischen Arbeitgebern und Arbeitern am Kap war: Diese – insbesondere die Sklaverei – waren längst zu lästigen Fesseln in einer kapitalistisch geprägten Wirtschaft geworden, die auf Grund des erweiterten Marktes nach möglichst frei verfügbarer Arbeitskraft in großem Umfang verlangte. Mochten auch die afrikaansen Kleinbauern mit ihren subsistenzwirtschaftlichen Produktionsformen den Trend der Zeit bedauern und die kommende Freisetzung der Sklaven mit Zähneknirschen begleiten – aufhalten konnten sie die Wandlung hin zur marktorientierten Produktionsweise nicht mehr.

Im Jahre 1828 erfolgte mit der berühmten Ordinance 50 die Beseitigung aller rechtlichen Benachteiligungen freier Nichtweißer – gemeint waren vor allem die Khoisan. Treibende Kraft hinter dieser Verordnung war John Philip von der LMS, der argumentiert hatte, die wirtschaftliche Behinderung der Khoisan verursache Armut und sei daher zutiefst unmoralisch. Weitaus bedeutendere Folgen hatte die Freilassung aller Sklaven am Kap mit Wirkung vom 1. Dezember 1834. Viele der Freigelassenen wandten sich in ihrer wirtschaftlichen Not an die Missionsstationen, andere verließen die Farmen und zogen in die *dorpe,* die kleinen Dörfer und Städtchen. Eine nicht unbeträchtliche Zahl verblieb jedoch auf den Farmen der Weißen, nunmehr mit dem Recht ausgestattet, den Arbeitgeber zu wechseln und Lohn zu empfangen. Mit der Master and Servants Ordinance von 1841 hielt indes erneut eine Gesetzgebung Einzug am Kap, die den Arbeitgebern deutlich mehr Rechte als ihren abhängig Beschäftigten zubilligte und die ungleichen Arbeitsbeziehungen in Südafrika bis weit in das 20. Jahrhundert hinein prägte.

Eine wichtige Zäsur bedeutete die Ankunft der Briten am Kap auch für das Verhältnis der Europäer zu den schwarzen Völkern an der Ostgrenze der Kolonie. Hatte bis dahin die waffentechnische Überlegenheit der Weißen die zahlenmäßige Übermacht der Schwarzen in Grenzkonflikten weithin ausgeglichen und zu einem machtpolitischen Patt geführt, wendete sich das Blatt nunmehr zusehends zu Ungunsten der Schwarzen. Nicht nur stieg die Zahl weißer Siedler im Grenzgebiet infolge der britischen Einwanderung, seit 1811 griff auch die britische Armee in Grenzgefechte ein. Zwar drohte 1819 Grahamstown beinahe dem Ansturm der Xhosa zu erliegen, doch gelang es den Briten immer öfter, die Xhosa in sich hinziehende, das Land verwüstende Kämpfe zu verwickeln, die bei diesen Armut und Verzweiflung hervorriefen. Im Krieg von 1834/35 kam es noch einmal zur verheerenden Niederbrennung weißer Farmen, welche die Briten mit brutaler Gegenwehr und der Enthauptung des Xhosa-Königs Hintsa im Jahre 1835 beantworteten.

Die Ordinance 50, die Freilassung der Sklaven sowie der Grenzkrieg von 1834/35, bildeten die Hauptgründe für den legendären Großen Treck einiger tausend Afrikaaner vom Kap hinauf nach Norden, in das „gelobte Land", weg von der britischen Herrschaft. Den Briten wurde vorgeworfen, zu unschlüssig und zu schwach den Schwarzen gegenüber aufzutreten, andererseits empfanden viele Afrikaaner die zunehmenden Anglisierungstendenzen im täglichen Leben als aufdringlich.

Der Große Treck bestand aus mehreren Zügen von Planwagen, die von bis zu sechs Ochsenpaaren über teilweise extrem unwegsames Gelände ins Landesinnere gezogen wurden. Insgesamt emigrierten bis 1840 mindestens 6000 Weiße aus der Kapkolonie, was etwa neun Prozent der dortigen europäischen Bevölkerung entsprach. Seit 1836 zogen die so genannten Voortrekker mit ihren riesigen Gespannen vor allem aus der Grenzregion des Ostkaps nordwärts. Unter der Führung nicht selten wohlhabender Siedler wie Hendrik Potgieter, Piet Retief oder Gert Maritz sammelten sich die Voortrekker zunächst auf dem Highveld in der Region von Thaba N'chu am Vet River, westlich der Drakensberge. Hier sollte über das weitere Vorgehen und die Ziele des Trecks beraten werden. Einige Trecker gerieten bei ihrem weiteren Vordringen nordwärts in militärischen Konflikt mit den Ndebele Mzilikazis im südlichen Transvaal; nach anfänglicher Bedrängnis gelang es ihnen im Bündnis mit Griqua, Korana und Teilen der Tswana, die Ndebele nach Norden über den Limpopo abzudrängen. Erstmals bestand damit nördlich des Vaal River ein von Europäern geschaffenes Machtvakuum. Zu dieser Zeit zerfiel jedoch das Voortrekker-Lager in zwei Gruppen: Eine zog es vor, auf dem Highveld zu bleiben und dort ansässig zu werden. Es kam zur Gründung relativ sicherer Orte wie Potchefstroom im südlichen Transvaal, andere Neugründungen jedoch, vor allem im Nordosten und im Gebiet des Soutpansberg südlich des Limpopo, sahen sich fortgesetzten Angriffen durch schwarze Stämme ausgesetzt.

Eine zweite, wahrscheinlich größere Gruppe, bewegte sich vom Highveld südostwärts über die Drakensberge hinunter ins feuchtheiße Natal. Hier gerieten sie in den Machtbereich der Zulu unter der Führung Dinganes, des Mörders und Nachfolgers von Shaka. Dingane ahnte die Bedrohung seiner Herrschaft durch die eindringenden Voortrekker und ließ ihren Anführer Piet Retief mitsamt seinen rund 70 Begleitern anlässlich ihrer Visite in der ZuluHauptstadt Mgungundlovu ermorden. Um die Gunst der Stunde vollends zu nutzen, entsandte Dingane seine *impis*, seine gefürchteten Regimenter, um weitere Voortrekker-Lager anzugreifen. Am 16. Dezember 1838 kam es am Ncome River zur entscheidenden

Schlacht, in deren Verlauf eine Handvoll Voortrekker auf Grund ihrer Waffenüberlegenheit die Zulu-Übermacht vernichtete. Rund 3 000 Zulu verloren ihr Leben, während die Voortrekker unter Andries Pretorius keine Verluste zu beklagen hatten. In „Blood River" (Blutfluss) wurde der Fluss später umbenannt, und der 16. Dezember war jahrzehntelang offizieller Feiertag in dem von Weißen regierten Südafrika. Die „Schlacht am Blood River" hat beträchtlich zur Mythisierung des Afrikaanervolkes durch afrikaanse Intellektuelle beigetragen, hat die Überzeugung eines Großteils der Afrikaaner geprägt, Gott habe ihren Sieg gewollt und damit auch ihre Vorherrschaft in Südafrika. Bis heute sichtbarer Ausdruck dieses Glaubens ist das dem Leipziger Völkerschlachtdenkmal nachempfundene, massige Voortrekker-Denkmal bei Pretoria.

Unmittelbare Folge des Sieges am Blood River war die vorübergehende Herrschaft der Voortrekker in Natal südlich des Thukela River. Mit der „Republik Natalia" des Jahres 1839 gründeten die Afrikaaner ihren ersten Staat, mit einem „Volksraad" als höchstem Regierungsgremium. Doch ihre Freude währte nicht lange: Die in Port Natal (heute: Durban) ansässige britische Siedlergemeinschaft, die hauptsächlich vom Handel lebte, registrierte das Vordringen der Afrikaaner mit Argwohn. Auch mit Blick auf die Kontrolle des Seeweges nach Osten entschloss sich daher London 1842, die Region als britische Kolonie zu annektieren. Dem Volksraad blieb nur die Kapitulation übrig. Während einige Voortrekker sich der britischen Dominanz beugten und sich im Lande niederließen, zog es die Mehrheit unter Führung von Andries Pretorius vor, erneut die Ochsenwagen anzuspannen und zurück auf das Highveld zu ziehen, wo sie die dortigen Treckersiedlungen stärken konnten.

6. Die Brechung schwarzer Macht und die Konsolidierung weißer Herrschaft

Die Zukunft der schwarzen Völker Südafrikas entschied sich im 19. Jahrhundert vor allem an der Ostgrenze der Kapkolonie. Diese Grenzregion entwickelte sich zu einem Land der Rivalität, der Konflikte und zuweilen auch des friedlichen Miteinanders von Khoisan, Weißen und Schwarzen. Hatte noch die holländische VOC bis 1778 den Bushmans River als natürliche Ostgrenze der Kolonie festgelegt, über die die Trekboeren nicht hinausgehen durften, verschob sich seit der zweiten Ankunft der Briten am Kap diese Linie immer weiter ostwärts: 1812 bildete der Great Fish River die Grenze, 1847 war es bereits der Keiskamma und 1865 der Great Kei River. Was die britischen Siedler von den Trekboeren unterschied, war ihr Profitstreben, das auf dem Zugewinn an Weideland für Schafe und Rinder basierte. Die Afrikaaner hatten sich dagegen noch im Rahmen der Subsistenzwirtschaft bewegt, die ohne rapiden Landerwerb auskam.

Wie die Briten betrieben auch die benachbarten Xhosa-Stämme Rinderzucht – Erstere weideten die Tiere auf Ländereien, denen ein individueller Besitztitel zu Grunde lag, während Letzteren persönlicher Landbesitz fremd war. Für die Xhosa besaß das Vieh jedoch geradezu mythische Bedeutung, darüber hinaus war Viehbesitz unabdingbar für einen jungen Mann, wenn er die *lobola*, den Brautpreis, entrichten wollte, der üblicherweise mit Rindern beglichen wurde. Aus wechselseitigen Viehdiebstählen in der Grenzregion entwickelten sich während des gesamten 19. Jahrhunderts immer wieder Konflikte zwischen den – überwiegend britischen – Siedlern und den Xhosa. Zwischen 1778 und 1878 werden neun so genannte Grenzkriege unterschieden, die von britischer Seite mit zum Teil ungeheurer Härte geführt wurden und die schließlich zur Unterwerfung der südlichen Nguni-Völker, vor allem der Xhosa, führten. Im Jahre 1894 rundete London die Inbesitznahme der gesamten südostafrikanischen Küste ab, indem es Pondoland der Kapkolonie einverleibte. Man fühlt sich an die

Strategie der verbrannten Erde der Wehrmacht im besetzten Russland während des Zweiten Weltkriegs erinnert, wenn man den Aufruf im „Grahamstown Journal" vom 10. April 1847 liest:

„Lasst Krieg kommen über die Hütten und Gärten der Kaffern. Lasst alles niederbrennen und zerstört werden. Lasst kein Pflügen, Säen oder Ernten zu. Oder, wenn dies ohne Blutvergießen nicht leicht möglich sein sollte, achtet darauf, die Früchte des Feindes zu zerstören, bevor sie reif sind, und tötet jeden, der sich widersetzt. Erschießt auch alles Vieh, wo immer ihr welches antrefft. Sagt ihnen, die Zeit ist gekommen für den weißen Mann die Herrschaft über sie zu zeigen."[7]

Im Jahre 1857 führte die Prophezeiung eines jungen Xhosa-Mädchens zur beschleunigten Tragödie ihres Volkes. Nongquawuse, so ihr Name, behauptete, ihr sei offenbart worden, dass die Weißen ins Meer getrieben werden würden, wenn zuvor die Xhosa Vieh und Nahrungsvorräte vernichteten. Die Toten sollten auferstehen und die Welt werde wieder in Ordnung kommen. Etwa 90 % der Xhosa folgten dieser Weisung, nachdem König Sarhili seine Zustimmung gegeben hatte. Rinder wurden massenweise geschlachtet, das Getreide verbrannt oder als Bier konsumiert. Am vorausgesagten Tag der Auferstehung geschah jedoch nichts. Die Folgen dieser Prophezeiung waren für die Xhosa katastrophal: Die Bevölkerungszahl in den betroffenen Gebieten sank von etwa 105 000 auf 38 500, die Zahl der Verhungerten erreichte dabei beinahe die derjenigen, die aus Verzweiflung in die Kapkolonie strömten, um Arbeit zum Überleben zu suchen. Die dortige Regierung zögerte nicht lange und begann eine systematische Besiedlung der entvölkerten Gebiete durch Europäer. Vor allem Deutsche sowie Veteranen des Krimkrieges fanden hier eine neue Heimat und verstärkten damit das weiße Bevölkerungselement gegenüber den gebrochenen Xhosa.

Nur Venda und Pedi in Transvaal vermochten sich noch einige Zeit gegen die Afrikaaner zu behaupten, ebenso wie der Basotho-König Moshoeshoe im Landesinneren. Dieser trotzte dem afrikaansen Expansionismus auf dem Highveld zunächst, zog es später jedoch vor, sich und seine Untertanen als Basutoland (heute: Lesotho) unter britisches Protektorat zu begeben. Ähnlich verfuhren noch die Swazi und die Tswana, aus deren Siedlungsgebieten das heutige Königreich Swaziland und die Republik Botswana hervorgegangen sind.

Während sich um die Mitte des 19. Jahrhunderts das Ende der Selbstständigkeit der schwarzen Bevölkerung Südafrikas anbahnte, erfolgte etwa zeitgleich die Konsolidierung weißer Herrschaft in den meisten Teilen des Landes.

Nachdem die britischen Überseebesitzungen Kanada (1840) und Australien (1850) begrenzte repräsentative Selbstregierungen erhalten hatten, folgte die Kapkolonie mit einer von London abgesegneten Verfassung im Jahre 1853. Diese bestimmte einen Gesetzgebenden Rat, dem ein Oberrichter und 15 gewählte Mitglieder angehörten sowie eine Gesetzgebende Versammlung, die aus 46 gewählten Vertretern bestand. Ziemlich genau 200 Jahre nach der Landung van Riebeecks am Kap rangen sich die Väter dieser Verfassung zu einigen, für die damalige Zeit beachtlichen demokratischen Veränderungen durch: Das Wahlrecht wurde allen britischen Untertanen zugestanden, die männlich, über 21 Jahre alt waren und entweder ein Haus im Wert von 25 Pfund bewohnten oder aber mindestens 50 Pfund im Jahr verdienten. Weder Konfession noch Hautfarbe sollten eine Rolle spielen, in der Praxis taten sie es dennoch. Als im Jahre 1910 die Südafrikanische Union gegründet wurde und die Verfassung der Kapkolonie erlosch, hatte das Parlament in Kapstadt noch kein Mitglied gesehen, das der allmählich sich durchsetzenden Terminologie folgend als „coloured", also „farbig", galt.

Die Exekutive in der Kapkolonie lag in Händen des Gouverneurs, und unter Sir George Grey verfolgte diese gegenüber den Schwarzen an der Ostgrenze eine Politik der entschlossenen Durchsetzung weißer Siedlerinteressen, wie sie sich in den Grenzkriegen des 19. Jahrhunderts überdeutlich zeigen sollte. Typisch für Greys Haltung gegenüber den Schwarzen war seine Überzeugung, diese müssten zu Gunsten der weißen Siedler in die Entwicklung der Kolonie einbezogen werden: Nicht Ausgrenzung und Trennung der Schwarzen von den Weißen war sein Ziel, sondern Einbindung in den wirtschaftlichen und sozialen Prozess.

Deutlich anders verlief die Politik der Briten gegenüber den Schwarzen in Natal, nachdem sie 1842 die afrikaansen Voortrekker dort in die Knie gezwungen und das Land im folgenden Jahr der Krone zugeschlagen hatten. Hier – Natal war seit 1845 autonomer Distrikt der Kapprovinz – standen sich relativ wenige weiße, zunehmend britische Siedler und eine große Mehrheit von

Schwarzen, vorwiegend Zulu, gegenüber. Ausgestattet mit dem offiziellen Titel „Diplomatic Agent to the Native Tribes", versuchte Theophilus Shepstone in diesem Gebiet eine frühe Form der Rassentrennung durchzusetzen, indem er, den Empfehlungen einer Regierungskommission folgend, so genannte *locations*, also Reservate, für die Schwarzen ausweisen ließ. Shepstone dachte im Wesentlichen paternalistisch, wollte die Schwarzen den Einflüssen der westlichen Zivilisation weitgehend entziehen, sie zugleich aber als Arbeitskräfte für die weißen Farmer bereit halten. Nicht nur die *locations* waren neu in Südafrika: Auch die Tatsache, dass sich Shepstone in der Verwaltungsarbeit der Häuptlinge als Mittler zwischen seinen Vorstellungen und den schwarzen Stammesangehörigen bediente, sollte sich in gewisser Weise als wegweisend für die weiße Herrschaft herausstellen, denn die Apartheidpolitik des 20. Jahrhunderts arbeitete über einen längeren Zeitraum hinweg mit Hilfe kooperationswilliger schwarzer Funktionsträger.

In Natal klagten die Siedler alsbald über die Schwierigkeit, genügend Arbeitskräfte für die Zuckerrohrplantagen zu finden. Bei den Zulu galt körperliche Arbeit als Frauensache, weshalb sich die Männer nur schwer zur Arbeit auf den Plantagen bewegen ließen. Einen Ausweg aus dem Problem bildete die Immigration von Indern aus Madras seit 1860. Es handelte sich hierbei vor allem um Angehörige niederer Kasten, seit den späten 1870er Jahren folgten jedoch auch indische Muslime aus Gujarat, die sich vielfach als Händler niederließen – sehr zum Verdruss ihrer weißen Kollegen, die alsbald gegen die „Koolie-Konkurrenz" agitierten. Gegen Ende des 19. Jahrhunderts lebten etwa 100 000 Inder in Südafrika, rund die Hälfte von ihnen optierte für eine dauerhafte Existenz im Lande. Der Rechtsstreit einer indischen Firma vor dem Gericht in Pretoria war übrigens auch der Grund, weshalb 1893 ein Rechtsanwalt namens Mohendas K. Gandhi südafrikanischen Boden betrat. Er sollte die Interessen der Firma vertreten; sein aus rassistischen Gründen erfolgter Rauswurf aus der Eisenbahn auf dem Weg von Durban nach Pretoria bildete die Initialzündung für sein lebenslanges politisches Engagement.

Auch im Landesinneren Südafrikas gestalteten sich nach dem Einzug der Voortrekker die politischen Verhältnisse um und mündeten schließlich in eine Festigung weißer Herrschaft.

Die Afrikaaner versuchten westlich und nördlich der Drakensberge Mitte der 40er Jahre des 19. Jahrhunderts eigenständige
Staatsgebilde nach dem Vorbild der Republik Natalia des Jahres
1839 zu gründen. Großbritannien jedoch wollte sich zunächst nicht
mit der Existenz solcher Republiken in einem geografischen Raum
abfinden, den es zunehmend als britische Interessensphäre begriff.
Unter britischer Oberhoheit entstand deshalb 1848 die „Orange
River Sovereignty", eine Afrikaaner-Scheinrepublik. Nördlich des
Vaal River existierten drei einander zeitweilig befehdende Afrikaaner-Republiken, an deren Spitze mehr oder weniger charisma-
tische Voortrekker-Führer standen und die sich gegen den britischen Hegemonialanspruch wehren mussten.

Vor allem aus finanziellen Erwägungen, aber auch, weil es lang-
wierige Verwicklungen und kriegerische Auseinandersetzungen
mit schwarzen Stämmen am Caledon River westlich der Drakensberge scheute, entschloß sich London nach 1848 zu einer Kurs-
korrektur seiner Politik in Südafrika. 1852 wurde den Afrikaanern
durch die Sand River Convention Unabhängigkeit für das Land
jenseits des Vaal River, also Transvaal, gewährt. Im Jahre 1857 erfolgte die Umbenennung in Zuid-Afrikaansche Republiek (ZAR,
deutsch: Südafrikanische Republik), doch erst 1860 vereinigten
sich die drei Teile Transvaals endgültig. Dennoch gab es Unruhen
bis zum Jahre 1864 – „happy anarchy", wie der südafrikanische
Historiker de Klerk die Situation charakterisierte. Im Gebiet am
Gariep, der „Orange River Sovereignty", erfolgte der britische
Rückzug 1854, indem den Afrikaanern dort die Ausrufung des
Orange Free State mit der Hauptstadt Bloemfontein zugestanden
wurde.

Sowohl in Transvaal als auch im Orange Free State wurde durch
die jeweiligen Verfassungen sichergestellt, dass Europäer die politische Oberhand behielten; das Wahlrecht erhielten nur männliche
Weiße, und zeitweilig wurde dieses Recht sogar an die Zugehörig-
keit zur reformierten Kirche gebunden.

Besonders im Orange Free State suchten die Afrikaaner unab-
lässig Farmland hinzuzugewinnen, was nur auf Kosten der dort
lebenden Schwarzen möglich war. Vor allem an der Ostgrenze, im
Gebiet der Drakensberge, führten sie wiederholt Kriege gegen den
Basotho-König Moshoeshoe und sein Bergreich. Dem vollständigen Zusammenbruch nahe, unternahm Moshoeshoe einen kühnen

Rettungsversuch, indem er um ein britisches Protektorat für sein Herrschaftsgebiet bat. Im Jahre 1868 kamen die Briten diesem Wunsch nach, nicht zuletzt, weil sie bei einer Niederlage der Basothos ein Hereinströmen schwarzer Stämme in die Kapkolonie fürchteten. Für die Afrikaaner festigte sich nun einmal mehr der verächtliche Ruf der Briten: *Kaffirboeties* seien sie, Freunde der Schwarzen. Allmählich begann ein afrikaanser Nationalismus zu wachsen und zu blühen, der sich insbesondere gegen die Briten richtete – im Free State früher und intensiver, in Transvaal mit seinen innerafrikaansen Spannungen langsamer. Die Afrikaaner im Free State hatten zu dieser Zeit in der Tat einen weiteren äußerst handfesten Grund, London mit zunehmendem Hass zu begegnen. Im Jahre 1870 wurden am Ufer des Vaal River Diamanten gefunden, und nach Lage des Fundortes hätte der Free State wahrscheinlich in seinen Besitz gelangen müssen. Doch eine britische Kommission sprach das Areal einem Manne namens Nicolaas Waterboer zu, der von Khoikhoi abstammte und um die britische Staatsangehörigkeit ersuchte. Sie wurde ihm umgehend gewährt, und das Land fiel sogleich an die britische Kapkolonie. Später zahlte London dem Free State eine Entschädigung von 90 000 Pfund – eine lächerliche Summe angesichts der Bedeutung des Landtransfers.

7. Diamanten, Gold und der Südafrikanische Krieg

Die Frage „Was wäre gewesen, wenn ..." besitzt in der südafrikanischen Geschichte kaum einen größeren Reiz als anlässlich jener Epochenwende, die durch die Diamantenfunde am Vaal River seit 1867 markiert wird. Ohne die spezifischen geologischen Gegebenheiten, den enormen Reichtum an Diamanten, Gold und anderen Bodenschätzen, wäre die Geschichte dieses Landes zweifellos völlig anders verlaufen.

Als im April 1871 auf der Farm Vooruitzicht (deutsch: Voraussicht) von Johannes Nicolaas de Beer ein Diamant entdeckt wurde, begann der gewaltigste Diamantenrush der Menschheitsgeschichte.

Binnen weniger Monate strömten vor allem englischsprachige Digger aus allen Teilen der Welt in das Gebiet an Vaal und Gariep, dessen Besitz zwischen den Griquas, der Kapkolonie sowie dem Orange Free State sofort umstritten war. Die Suche nach Diamanten in den Schloten erloschener Vulkane führte bald zur Absteckung von Claims und zur Ausschachtung der größten, je von Menschenhand geschaffenen Grube der Erde. Die Stadt Kimberley wucherte direkt neben dem „Big Hole" und unzähligen weiteren Bohrlöchern. Clevere Spekulanten erkannten, dass sich das Schürfen in den diamantenhaltigen *pipes* zunehmend kapitalintensiv gestaltete und sich eine Zusammenfassung der Minenaktivitäten anbot. Zudem trieb die Konkurrenz zwischen den einzelnen Schürfern die Preise für die Steine nach unten. Das war die Stunde von de Beers Consolidated Mines, jener 1889 gegründeten Minengesellschaft, die, benannt nach dem Farmer de Beer, bis heute den weit überwiegenden Teil des weltweiten Diamantenhandels kontrolliert. Es war zugleich die Stunde der so genannten Randlords, jener Spekulanten, die das in Kimberley erwirtschaftete Kapital seit den späten 1880er Jahren in die Ausbeutung der Goldfelder des Witwatersrand-Höhenzuges bei Johannesburg investierten. Zu ihren prominentesten Vertretern zählten Alfred Beit, ein sephardischer Jude aus Hamburg und sein Freund, der Kavallerieoffizier Julius Wernher, ferner der ehemalige Zirkusclown Barnett Isaacs alias Barney Barnato sowie der Pfarrerssohn und spätere Premierminister der Kapkolonie, Cecil Rhodes. Im Jahre 1902 kam mit dem aus Friedberg in Hessen gebürtigen Ernest Oppenheimer noch eine weitere bedeutende Persönlichkeit hinzu.

Mitte der 1870er Jahre hatte das Gebiet um Kimberley bereits jährlich um die 50000 Schwarze zur Arbeit in den Diamantenminen angezogen. Damit zeichnete sich ein Charakteristikum der südafrikanischen Geschichte im nächsten Jahrhundert ab: die enge räumliche Nähe von wenigen – meist gebildeten weißen – und vielen tausend überwiegend ungebildeten schwarzen Arbeitskräften. Um den illegalen Handel mit Diamanten zu unterbinden, wurden die schwarzen Arbeiter gezwungen, in Compounds zu leben, in abgeriegelten Arbeitersiedlungen, mit schlechten hygienischen und sozialen Verhältnissen. Die Betroffenen sahen sich abgedrängt und isoliert in den Compounds nahe den weißen Wohnvierteln. Viele weiße Händler verloren schwarze Kundschaft durch dieses System, doch wurde von den weißen Politikern und ihren Wählern die damit verbundene Trennung zwischen Schwarz und Weiß niemals grundsätzlich in Frage gestellt.

Insgesamt führte die Diamantenförderung zu einem beträchtlichen Aufschwung von Handel und Produktion, denn die Menschenmassen im trocken-heißen Klima dieses Gebietes mussten vor allem auch mit Lebensmitteln versorgt werden. Der Bau von Eisenbahnlinien nach Kimberley trieb die wirtschaftliche Integration des gesamten Subkontinents voran, und die Stadt selbst entwickelte sich für einen kurzen Zeitraum zur blühendsten in Südafrika neben Kapstadt.

Etwa zeitgleich mit dem Diamantenboom sowie dem damit einhergehenden, allmählichen wirtschaftlichen Zusammenwachsen der einzelnen Landesteile begann sich in Großbritannien eine Neujustierung der britischen Südafrika-Politik abzuzeichnen. Unter Führung des British Colonial Secretary, Lord Carnarvon, bemühte sich London um die Schaffung einer Konföderation aller britischen Kolonien im südlichen Afrika. Die verschiedenen Gebiete sollten arrondiert und politisch abgesichert werden, um sie für finanzielle Investitionen attraktiv zu machen. Dadurch würde der Weg geebnet, damit die „Zivilisation in Afrika" voranschreiten und „allgemeine Interessen des Britischen Empire" durchgesetzt werden konnten.[8] In diesen Kontext gehörten erfolgreiche Versuche, Diamantenfelder der britischen Kapkolonie statt dem Orange Free State zuzuschlagen, sowie die Inkorporierung der von Xhosa-Stämmen besiedelten Transkei an der Südostküste in die Kapkolonie.

Londons Konföderationspläne prallten am Widerstand des Orange Free State ab, und im Falle der ZAR war ein britischer Erfolg nur von kurzer Dauer. Hier, in Transvaal, das mit seinen enormen Weiten vor allem in den nördlichen Landesteilen nur dem Papier nach von Weißen kontrolliert wurde, widersetzte sich der schwarze Stamm der Pedi erfolgreich den Afrikaanern und fügte ihnen eine militärische Niederlage zu. Diese Schwäche der Afrikaaner nutzten die Briten im Jahre 1877, um die ZAR kurzerhand zu annektieren. Zunächst regte sich bei den Afrikaanern kaum Protest gegen diesen Vorgang, zumal es nun an den Briten unter Theophilus Shepstone war, das Pedi-Problem im Osten Transvaals zu lösen. Als Administrator Transvaals fand Shepstone in Pretoria zunächst einmal eine leere Staatskasse vor, so dass er sich umgehend nach Finanzquellen umzusehen begann. Er entschied sich, die eingeborene Bevölkerung zu Steuerzahlungen heran zu ziehen. Nicht nur ließ er über Missionare und Magistrate den Häuptlingen die Notwendigkeit solcher Leistungen mitteilen, er bestand darüberhinaus ausdrücklich auf Zahlungen in bar. Pedi, die für Lohnarbeit zu den Diamantenfeldern von Kimberley zögen, würden künftig Gebühren für Pässe erlassen und ihr sicherer Rücktransport gewährleistet. Zur Zeit der alten ZAR hatte die Grenzziehung den Strom von Pedi-Arbeitern nach Kimberley sowie den weiteren Eisenbahnbau behindert und somit die Profite aus den Minen gedrosselt. Es verwundert daher nicht, dass die „Flurbereinigung" im Grenzland um Kimberley einen Hauptgrund für die Annektion der ZAR durch London bildete. Ferner machte Shepstone geltend, dass die Unfähigkeit der Afrikaaner, mit den Pedi unter ihrem König Sekhukune fertig zu werden, das Ansehen des weißen Mannes beschädige. Es lag in der Logik dieser Argumentation, dass Sekhukune und sein Reich unterworfen werden mussten.

Sehr wohl wissend, dass der Pedi-König wegen anhaltender

Dürre und den Folgen der Auseinandersetzungen mit den Afrikaanern niemals in der Lage wäre, diese Forderung zu erfüllen, verlangte Shepstone die Übergabe von 2 000 Rindern sowie künftige Steuerzahlungen, andernfalls der Kriegsfall vorläge. Kleinere wechselseitige Provokationen legitimierten schließlich den erwünschten Kriegsausbruch im Jahre 1878. Shepstone hatte einen schnellen und erfolgreichen Feldzug erwartet, doch die Pedi erwiesen sich als erbitterte Gegner. Weiße Streitkräfte mussten zudem zunächst nach Natal abgezogen werden, wo es Sir Garnet Wolseley erst im September 1879 gelang, die Zulu unter Cetshwayo zu schlagen. Wolseley hoffte nun, die Niederlage der Zulu würde Sekhukune beeindrucken und es genüge, ihm mit drastischen Forderungen zu begegnen, nämlich: Unterwerfung unter die britische Krone, Steuerzahlungen und die Übergabe von 2 500 Rindern. Interne Streitigkeiten um die Führung lähmten zu dieser Zeit die Pedi, die nun durch den äußeren Druck noch verstärkt wurden. Vor allem der Anspruch Mampurus, des Halbbruders von Sekhukune, auf den Thron, gefährdete den Zusammenhalt. Mit 3 500 britischen Soldaten und sonstigen weißen Freiwilligen, ferner 3 000 Schwarzen aus Transvaal – einschließlich einer Streitmacht Mampurus sowie 8 000 Swazi-Kämpfern – rückten die Verbände Wolseleys gegen Sekhukunes Metropole Tsate vor. Sie war nur von 4 000 Kriegern geschützt, denn viele loyale Häuptlinge auf dem Lande mussten ihren Besitz gegen angreifende Swazi verteidigen. Nur seinen Swazi-Hilfstruppen hatte Wolseley es am Ende zu verdanken, dass Sekhukunes Einheiten geschlagen und Mampuru als neuer Häuptling von den Briten eingesetzt wurde. Sekhukune entkam zwar zunächst, wurde jedoch später gefangen genommen und in Pretoria bis 1881 inhaftiert. Mit Hilfe der Afrikaaner, die in jenem Jahr ihre Unabhängigkeit von London wieder erlangt hatten, forderte er Mampuru heraus, wurde jedoch auf dessen Anstiftung hin ermordet. Im Jahre 1883 machten die Afrikaaner der neu erstandenen ZAR Mampuru den Prozess, an dessen Ende er hingerichtet wurde. Wolseley dankte den Swazi für ihre Unterstützung auf seine Weise. Er ließ ihnen freie Hand im unterworfenen Sekhukune-Land, denn: „Mein Ziel ist es, durch die Vernichtung Sekhukunes Terror unter den Stämmen zu verbreiten, und je mehr die Swazi rauben und zerstören, umso mehr fördern sie die Erreichung dieses Zieles".

Mit dem Verschwinden des Pedi-Problems schwand jedoch auf Seiten der Afrikaaner bald auch das Einverständnis mit der britischen Vormachtstellung in Transvaal. Unter der Führung des ehemaligen Großwildjägers Paul Krüger entwickelte sich nun auch hier ein afrikaanser Nationalismus, der sich gegen die Briten im Lande richtete.

Großbritannien sah sich zu dieser Zeit nicht nur einer wachsenden Herausforderung seitens der Afrikaaner in Transvaal gegenüber, sondern es hatte auch in Natal mit ernsthaften Schwierigkeiten zu kämpfen. Das Zulu-Königreich unter Cetshwayo schien im Begriff, sich in Richtung Transvaal auszudehnen. Der Britische Hochkommissar hielt daraufhin eine günstige Gelegenheit für gekommen, einen Krieg mit den Zulu unter Cetshwayo vom Zaun zu brechen, nach dessen siegreichem Ausgang die Konföderationspläne Londons ein Stück weiter gediehen wären. Die Schlacht bei Isandlwana im heutigen KwaZulu-Natal zwischen Briten und Zulu im Januar 1879 verlief für die Rotröcke jedoch erst einmal katastrophal – über ein Drittel ihrer Streitkräfte ging verloren. Darunter befand sich auch der Prince Imperial, der letzte Spross des Hauses Napoleon. Schließlich gelang es den Briten dennoch, die Zulu mit Hilfe ihrer militärischen Übermacht zu schlagen, ihre Hauptstadt Ulundi niederzubrennen und König Cetshwayo ins britische Exil zu zwingen. Die Beherrschung von Britisch-Zululand erwies sich indes als schwierig; nachdem Cetshwayo aus England zurückgekehrt war, brachen Bürgerkriege aus, die erst mit der Tötung des Zulu-Königs endeten. Im Jahre 1897 wurde Zululand schließlich Teil von Natal.

Kaum hatten die Briten 1879 Cetshwayo in Zululand bezwungen, sahen sie sich in Transvaal einem von Paul Krüger geführten bewaffneten Aufstand der Afrikaaner gegenüber, aus dem sich die gelegentlich auch „Erster Burenkrieg" genannten Kampfhandlungen entwickelten. London scheute den vollen militärischen Einsatz und so gelang den Afrikaanern im Februar 1881 am Majuba Hill in den Drakensbergen der entscheidende Erfolg.

Die Niederlage der Briten deuteten die frommen afrikaansen Calvinisten erneut – wie schon die Schlacht am Blood River gegen die Zulu im Jahre 1838 – als Fingerzeig Gottes, so dass auch Majuba zum Mythos der Auserwähltheit der Afrikaaner auf dem „dunklen Kontinent" beitrug. In der Pretoria Convention von

1881 erhielten die Afrikaaner ein hohes Maß an Unabhängigkeit von London zurück, zugleich akzeptierten sie jedoch die britische Oberhoheit über Transvaal. Paul Krüger, der vor Ausbruch der Kriegshandlungen zweimal in London die Anliegen Transvaals vergebens vorgetragen hatte, wurde 1883 zum Präsidenten der wiedererstandenen Republik gewählt.

Hatte schon der Diamantenboom von Kimberley die allmähliche Umgestaltung der wirtschaftlichen und politischen Verhältnisse im Lande eingeleitet, wirkte die Entdeckung der weltweit bedeutendsten Goldvorkommen am Witwatersrand in Transvaal katalysatorisch auf die gesamte Entwicklung Südafrikas. 1886 lösten Funde goldführender Gesteinsschichten am „Rand" einen gewaltigen Umwälzungsprozess aus: Digger, Glücksritter, Zigtausende vor allem schwarzer Minenarbeiter, sowie Ingenieure und Spekulanten strömten nach Transvaal, wo am Fuße des Witwatersrand binnen weniger Jahre aus einem Haufen Bretterbuden die Hunderttausende zählende Minenstadt Johannesburg entstand.

Von Anfang an stand die Goldproduktion Südafrikas unter dem Zwang, mittels Kostenreduktion – d.h. in der Regel durch Lohnsenkung – konkurrenzfähig bleiben zu müssen, denn zum einen war der Goldgehalt des Gesteins relativ gering, zum anderen erwies es sich bald als unumgänglich, *deep level mining* zu betreiben. Gestein musste aus großen Tiefen unter hohem Kapitaleinsatz gefördert werden. Nur sechs Jahre nach der Entdeckung des ersten Goldes kontrollierten denn auch ganze acht Minengesellschaften die gesamte Förderung – der Zwang zur Wirtschaftlichkeit hatte rasch zur Fusion kleiner und mittlerer Unternehmen geführt. Um 1893 produzierten die „Acht" über 40 000 kg des Edelmetalls jährlich und um 1898 nahezu 120 000 kg, mehr als ein Viertel der damaligen Weltfördermenge.[9]

Der Goldrush am Witwatersrand bewirkte eine enorme Nachfrage nach Arbeitskraft. Um 1892 lebten bereits mehr als 25 000 schwarze Arbeiter am Rand, eine Zahl, die Jahr für Jahr anwuchs. Ihre Bereitschaft, sich den harten Bedingungen im Bergbau zu unterwerfen, wurde zu jener Zeit durch die Auswirkungen der Rinderpest auf dem Lande gestärkt: Während der Jahre 1895/96 raffte diese Epidemie rund 90 % des Viehbestandes dahin und zerstörte damit die Existenzgrundlage zahlloser Menschen auf dem Lande. Gleichzeitig erfolgte ein Zustrom weißer, häufig ausgebildeter Arbeitskräfte aus Europa: Briten, Iren, Deutsche, Franzosen, Griechen und litauische Juden bildeten fortab jene Gruppe von Menschen, für die die ansässigen Afrikaaner bald den pejorativen Begriff *uitlander* (deutsch: Ausländer) prägten. Für die Abkömmlinge der Voortrekker – und Paul Krüger war einer von ihnen – bildeten die *uitlander* mit den zahlenmäßig dominierenden Briten an ihrer Spitze einen Fremdkörper, den es von der politischen Macht fernzuhalten galt.

Auch auf einem anderen Gebiet entwickelte sich im letzten Viertel des 19. Jahrhunderts eine neuerliche Rivalität zwischen Briten und Afrikaanern in Transvaal. Bereits 1875 hatte Präsident Burgers versucht, mit Hilfe des Baus einer Eisenbahnlinie von der Hauptstadt Pretoria ostwärts zur portugiesischen Delagoa Bay (heute: Maputo) die Unabhängigkeit der Republik zu sichern. Endete dieses Unternehmen noch in einem finanziellen Fiasko, verhalfen die Einnahmen aus den Goldfunden Transvaal schließlich zu solch üppigen Mitteln, dass die von Großbritannien unabhängige Nederlandsch-Zuid-Afrikaansche Spoorwegmaatschappij (Niederländisch-Südafrikanische Eisenbahngesellschaft) gegründet werden konnte, die 1894 den Verkehr nach Delagoa Bay aufnahm. Doch zu spät: Unter britischer Führung war bereits zuvor der Eisenbahnbau vom Kap ins Inland soweit vorangetrieben worden, dass Präsident Krüger 1892 den Anschluss Johannesburgs an die Linie Bloemfontein-Kapstadt hinnehmen musste. Die Verbindung der Goldmetropole mit dem Hafen Port Elizabeth folgte nur wenige Monate später, und 1895 komplettierte schließlich die Linie Durban-Johannesburg die Einbindung der Goldfelder am Witwatersrand in die südafrikanische Wirtschaft. Krüger und die Regierung der britischen Kapkolonie unter Premierminister Rhodes lieferten sich noch bis Ende 1895 einen erbitterten Streit um Frachttarife für die kurze Teilstrecke, die von Johannesburg auf Transvaaler Gebiet bis zur Grenze des Orange Free State führte, von wo aus die Linie weiter nach Kapstadt ging. Fast hätte diese Auseinandersetzung zum Krieg geführt, denn die Kapkolonie hatte zunächst mit einer Tarifsenkung auf die Fertigstellung der Delagoa-Bahn reagiert, die Krüger seinerseits mit einer drastischen Tariferhöhung für die besagte Teilstrecke beantwortet hatte. Krüger beugte sich am Ende einem Ultimatum der britischen Regierung.[10]

Doch die politischen Spannungen zwischen der Kapkolonie und Transvaal wuchsen weiter. Am Kap war 1890 mit Rhodes ein überzeugter britischer Imperialist an die Macht gekommen, für den ganz Südafrika eindeutig Teil der britischen Interessensphäre war. 1889 hatte er die British South Africa Company gegründet, mit deren Hilfe er die nördlich Transvaals gelegenen Gebiete des südlichen Afrika dem potenziellen Einfluss der Afrikaaner zu entziehen und dem britischen zuzuordnen gedachte. Nicht zufällig erhielt das Land den Namen Rhodesien. Persönlich empfand Rhodes keine Abneigung gegen die Afrikaaner, und es verwundert daher nicht, dass er sich in der von ihm regierten Kapkolonie mit solchen verbündete, die ihrerseits in dem England freundlich gesonnenen Afrikanerbond organisiert waren. Ziel Rhodes' war es, ein einheitliches, von Afrikaanern und Briten beherrschtes Südafrika zu schaffen, in dem freilich Großbritannien die Vormachtstellung zukommen sollte.

Seit dem Goldboom in Transvaal geriet die Republik Präsident Krügers immer mehr in das Blickfeld von Rhodes. Das Problem der politisch benachteiligten *uitlander* – sie hatten kein Stimmrecht – diente als Hebel, mit dessen Hilfe Rhodes schließlich glaubte, die Machtverhältnisse in Transvaal zu Gunsten Londons verändern zu können.

Ob sich die *uitlander*, die mit ihrem Know-how und ihrem Arbeitseinsatz nicht unwesentlich zum wachsenden Wohlstand Transvaals beigetragen hatten, tatsächlich überwiegend für eine politische Teilhabe an der Macht interessierten, steht dahin. Das Wahlrecht für sie hätte aber zweifellos den Einfluss der britischen Minenmagnaten in der Politik Transvaals deutlich gestärkt. Rhodes jedenfalls nutzte die verbreitete Unzufriedenheit der *uitlander*, er unterstützte propagandistisch und finanziell ihre Beschwerden, zu denen auch Klagen über ganz handfeste Benachteiligungen gehörten, wie etwa das Dynamitmonopol auf Seiten der Regierung Krüger. Ohne Sprengstoff war am Witwatersrand kein Bergbau zu betreiben.

Mit dem inoffiziellen Wissen der Regierung in London und direkter Unterstützung von Premierminister Rhodes unternahm dessen früherer Mitarbeiter in Rhodesien, Leander Starr Jameson, Ende 1895 von Maschonaland aus – dieses Gebiet lag jenseits der Nordwestgrenze Transvaals – einen Überfall auf die Republik

Krügers. Begleitet von 500 bewaffneten Männern hoffte Jameson einen Aufstand unter den *uitlander* entfachen zu können, der dort zuvor in kleinen Kreisen vorbereitet worden war. Angesichts fehlender Begeisterung über den Einmarsch Jamesons und seiner Truppe versuchten die in Transvaal befindlichen Anführer der Revolte diese in letzter Minute abzublasen, doch vergeblich: Jameson befand sich bereits auf Transvaaler Gebiet, wo er mit seinen Leuten am 2. Januar 1896 von einem Afrikaaner-Kommando zur Aufgabe gezwungen wurde.

Dieser so genannte Jameson-Raid führte zum Ende der politischen Karriere Rhodes', der von seinem Amt als Premierminister der Kapkolonie zurücktrat und durch Sir Alfred Milner ersetzt wurde. Außerdem war eine Verschlechterung der britisch-deutschen Beziehungen die Folge, denn Kaiser Wilhelm II. hatte mit seiner berühmten „Krüger-Depesche" die britische Öffentlichkeit gegen Deutschland aufgebracht. In einem Telegramm an Präsident Krüger anlässlich der Niederschlagung des Jameson-Raids hatte der Kaiser Krüger zu dem Erfolg gratuliert, der ohne Eingreifen von außen – lies: deutsche Hilfe – zustande gekommen sei.

Mit dem Fiasko des Jameson-Überfalls war das *uitlander*-Problem in Transvaal indessen nicht gelöst. Die Spannungen dauerten fort, und es schien nur eine Frage der Zeit, wann ein offener Konflikt ausbrechen würde. Im Jahre 1897 schlossen Transvaal und der Orange Free State unter Präsident Steyn einen Vertrag, der beide Seiten zu gegenseitiger Hilfe verpflichtete. Anfang 1899 sandte Milner im Namen der Kapregierung eine Petition von knapp 22 000 britischen Staatsbürgern in Transvaal an Königin Victoria, in der sie sich über ihre Lage unter der Herrschaft Paul Krügers beschwerten. Das war ein offener Affront, der die gespannte Situation gefährlich anheizte. Verhandlungen im Mai 1899 in Bloemfontein dienten tatsächlich nur dem Ziel, britischen Truppen Zeit zum Aufmarsch an den Grenzen der Republiken zu verschaffen; Präsident Steyn nahm an den Gesprächen in seiner Landeshauptstadt gar nicht erst teil. Milner rechnete im Kriegsfall mit einer Dauer des Waffengangs von höchstens sechs Monaten, danach seien „Krügertum" und „Holländertum" ausgerottet und die Goldfelder des Witwatersrand in britischem Besitz. Steyn hingegen sagte: „An dem Tag, an dem ich ‚Krieg' sage, gibt es Krieg bis zum bitteren Ende". Krüger war optimistischer. Zum einen wusste er um die gute Bewaffnung seiner Afrikaaner, zum anderen rechnete er mit Unterstützung aus dem Ausland, namentlich aus Deutschland. Außerdem hoffte er auf einen Aufstand der Afrikaaner in der Kapkolonie.

Zwar erklärte sich Krüger im September 1899 noch bereit, in der Stimmrechtfrage für die *uitlander* nachzugeben, und auch Präsident Steyn bemühte sich, einen Kriegsausbruch zu verhindern. Ein Ultimatum der Afrikaaner-Republiken, das die Briten aufforderte, ihre Truppen von den Grenzen abzuziehen und Schiffe auf hoher See zum Beidrehen zu befehligen, wiesen die Briten jedoch wie erwartet zurück.

Damit begann am 11. Oktober 1899 jener Krieg, der heute meist Südafrikanischer Krieg genannt wird, weil an ihm auch eine beträchtliche Anzahl Schwarzer beteiligt war. In die Geschichtsbücher ist er gemäß einer eher eurozentristischen Sichtweise üblicherweise als Burenkrieg, Zweiter Burenkrieg – nach jenem ersten der Jahre 1880/81 – oder auch Anglo-Burenkrieg eingegangen.

Für Großbritannien wurde es die längste, blutigste und kostspieligste militärische Auseinandersetzung seit den Tagen Napoleons – ganz im Gegensatz zu den Erwartungen Milners. Rund 450 000 britische Soldaten kämpften in Südafrika bis zum Friedensschluss im Jahre 1902, etwa 21 000 von ihnen fielen. Auf Seiten der Afrikaaner starben 7 000 Bewaffnete. Rund 28 000 Zivilisten, darunter sehr viele Frauen und Kinder, verloren ihr Leben, die meisten von ihnen in Lagern, welche die Briten als *concentration camps* bezeichneten. Auch mehrere tausend Schwarze kamen ums Leben, weniger durch direkte Kampfhandlungen – ihre Bewaffnung lehnten Briten wie Afrikaaner weitgehend ab, weil es sich nach beider Überzeugung um eine Auseinandersetzung zwischen Europäern handelte – als durch Entkräftung und Epidemien.

Vergleichbar dem Spanischen Bürgerkrieg im 20. Jahrhundert kämpften auch Einheiten von Ausländern in diesem Krieg, und zwar ganz überwiegend auf Seiten der Afrikaaner. Iren, Amerikaner und Deutsche zählten ebenso dazu wie 250 Russen. Einer von ihnen, Alexander Gutschkow, nahm Jahre später als Präsident der russischen Duma die Abdankung von Zar Nikolaus II. entgegen. Die Sache der Afrikaaner machte sich auch die junge kommunistische Bewegung Russlands zu eigen, und das Lied „Transvaal my

Country" war in den Straßen Moskaus der Jahrhundertwende ein Hit.[11]

Der Krieg zog sich vor allem deshalb so lange hin, weil es zunächst Afrikaaner-Generälen wie Koos de la Rey und Louis Botha gelungen war, moderne Kampftechnik gegen veraltete britische Kriegsmethoden erfolgreich einzusetzen.[12] Nach einigen Anfangserfolgen machte sich jedoch mehr und mehr die waffentechnische und zahlenmäßige Überlegenheit der Briten bemerkbar, die im Juni 1900 in der Hauptstadt Transvaals, Pretoria, einmarschierten. Präsident Krüger hatte kurz zuvor über das portugiesische Lourenço Marques (heute: Maputo) das Land in Richtung Europa verlassen, wo er im Jahre 1904 in der Schweiz verstarb. Hatten die Briten mit der Einnahme Pretorias und Johannesburgs das Ende des Krieges erwartet, wurden sie alsbald eines Besseren belehrt. Organisiert in so genannten Kommandos gingen die Afrikaaner nun zu einem Guerillakrieg über, in dem sich zunächst ihre hohe Motivation sowie ihre Disziplin und genaue Landeskenntnis auszahlten, den sie jedoch am Ende angesichts der erdrückenden britischen Übermacht nicht zu gewinnen vermochten. Auch die Erfahrung, dass das afrikaanse Lager mit zunehmender Kriegsdauer Risse erhielt, trug zur Niederlage bei. Landbesitzende Afrikaaner waren eher geneigt durchzuhalten, weil sie um den Erhalt ihrer Privilegien fürchteten, die ärmeren *bywoner*, die kleinen Pächter, tendierten hingegen zur Aufgabe, ja sie wechselten mitunter sogar die Seite.

Doch nicht nur die militärische Aussichtslosigkeit machte die Afrikaaner reif für die Kapitulation: Auch die Frage, wie die künftige Rolle der Schwarzen und der Coloureds aussehen werde, trug zur Aufgabe nicht unwesentlich bei. Anfangs galt die Annahme, der Krieg sei eine Auseinandersetzung unter Europäern, in seinem Verlauf zeigte sich jedoch zusehends, dass sich die Nichtweißen nicht mit einer Rolle als bloße Zuschauer begnügen würden. Waren sie bereits als Hilfskräfte von beiden Seiten eingesetzt worden, zeigte sich mit anhaltender Kriegsdauer, dass sie ganz überwiegend die Sache der Briten unterstützten – selbst im Ostkap mit seiner über hundertjährigen Geschichte der Grenzkriege.

Die Zerstörung von Teilen Transvaals durch den Krieg nutzten viele Schwarze, um ihr einst an die Voortrekker verlorenes Land wieder zu besetzen, vielfach wurde aus dem Feld heimkehrenden

Afrikaanern der Zugang zu ihren Farmen von bewaffneten Schwarzen verwehrt. Selbst General Louis Botha, dem späteren ersten Premierminister der Südafrikanischen Union, beschieden Schwarze beim Betreten seiner Farm im heutigen Mpumalanga, er habe dort nichts zu suchen und solle sich besser davonscheren.[13]

Am 31. Mai 1902 unterschrieben Vertreter der Afrikaaner-Republiken im Hauptquartier des britischen Generals Lord Kitchener in Pretoria den Vertrag von Vereeniging, mit dem sie das Ende des Orange Free State und der ZAR sowie die britische Souveränität akzeptierten.

Die Niederlage im Südafrikanischen Krieg, mehr aber noch die Erinnerung an diesen sowie die literarische Verarbeitung des Leidens unschuldiger Frauen und Kinder in den britischen Konzentrationslagern führten im 20. Jahrhundert zur Entstehung jenes nicht selten giftig in Erscheinung tretenden Afrikaaner-Nationalismus, der sich eindeutig gegen die Briten im Lande und kaum gegen die schwarze Bevölkerungsmehrheit richtete. Gleichwohl bildete er das ideologische Fundament, auf dem in der zweiten Hälfte jenes Jahrhunderts die radikale Rassentrennungspolitik der Apartheid fußte.

Auch wenn der in Südafrika lange Zeit berühmte Buchtitel „En eeuw van onreg" („Ein Jahrhundert des Unrechts") suggerierte, dass den Afrikaanern ein Jahrhundert lang Ungerechtigkeit seitens der Briten – kulminierend im Vertrag von Vereeniging – widerfahren sei, erlebten sie doch nach 1902 alles in allem eine maßvolle Behandlung durch die Sieger. Sicher: Unter Milner erfolgte bis zu seiner Rückkehr nach London im Jahre 1905 eine recht strenge Anglisierungspolitik, die sich unter anderem in einer – wenig erfolgreichen – Einwanderungsförderung für Briten nach Südafrika und in der Bevorzugung des Englischen im öffentlichen Leben ausdrückte. Auch das Wirken von Milners berühmtem „Kindergarten" in der Verwaltung Transvaals mußte nicht jedem Afrikaaner gefallen. Der „Kindergarten" bestand aus jungen, eher unerfahrenen und oft in Oxford ausgebildeten Briten, die zweifellos gegenüber den Besiegten von gestern ein nicht geringes Maß an Arroganz erkennen ließen. Sie brachten aber zugleich die vordem altertümliche und wenig effektive Verwaltung des Landes auf Trab und legten den Grundstein für eine sich rapide entwickelnde Minenindustrie.[14]

Als entscheidend für die Zukunft der Afrikaaner sollte sich aber erweisen, dass die Briten letztlich gemeinsam mit ihnen die „weiße" Beherrschung des südlichen Afrikas ins Auge fassten. Durch die Rivalität zwischen den beiden Gruppen seit den Diamanten- und Goldfunden im späten 19. Jahrhundert war das eigentliche „Rassenproblem", die Frage nach dem Zusammenleben von Schwarz und Weiß, in den Hintergrund getreten. Indem die Briten im Vertrag von Vereeniging zugestanden, die Frage des Wahlrechts für Schwarze bis zur Wiederherstellung weißer Selbstverwaltung in den ehemaligen Afrikaaner-Republiken zu vertagen, verzichteten sie auf eine grundlegende Umstrukturierung der innersüdafrikanischen Machtverhältnisse zu Gunsten einer Allianz mit dem ehemaligen Feind – eines Bündnisses aus „Gold und Mais". Das Gold symbolisierte die britisch dominierte Minenindustrie, der Mais die überwiegend von Afrikaanern betriebene Landwirtschaft. Angesichts ihrer numerischen Überlegenheit innerhalb der gesamten weißen Bevölkerungsgruppe durften sich die Afrikaaner zudem gute Chancen ausrechnen, in einem künftigen Südafrika keineswegs nur den Part des unterlegenen Kriegsgegners spielen zu müssen. Voraussetzung dafür war allerdings ihre politische Einheit – ein Thema, das im Verlauf des 20. Jahrhunderts immer wieder eine herausragende Rolle im Afrikaanertum spielen sollte.[15]

Der wirtschaftliche Wiederaufbau des Landes ging in erster Linie vom Goldbergbau um Johannesburg aus. Die Minenindustrie benötigte immer größere Zahlen an Arbeitskräften, die der heimische Markt kaum mehr herzugeben schien. Zwischen 1903 und 1907 wurden daher über 62 000 chinesische Minenarbeiter rekrutiert, die mit ihren extrem niedrigen Löhnen eine scharfe Konkurrenz für weiße südafrikanische Kräfte darstellten. Mit der Beschäftigung der Chinesen als ungelernte Minenarbeiter hielt erstmals auch das für die südafrikanische Arbeitswelt so charakteristische Prinzip der Trennung zwischen „gelernter" und „ungelernter" Arbeit Einzug, wobei erstere allein Weißen, letztere hingegen Schwarzen und Chinesen vorbehalten bleiben sollte. Obwohl die Asiaten bis 1910 in ihrer großen Mehrheit das Land wieder verließen, fachte ihr Einsatz in den Minen das wieder erwachende Nationalbewusstsein der Afrikaaner an.

Im Januar 1905 gründeten die fünf Afrikaaner-Generäle Louis

Botha, Schalk Burger, Koos de la Rey, Christiaan Beyers und Jan Christiaan Smuts die erste Afrikaaner-Partei nach dem Krieg: Het Volk (deutsch: Das Volk). Mit ihrer Agitation in der Chinesen-Frage verstand diese Partei es, auf populistische Weise Unterstützung zu gewinnen. In der Orange River Colony, dem ehemaligen Free State, kam es 1906 zur Gründung der afrikaansen Orangia-Union unter Leitung Abraham Fischers sowie der Generäle James Barry Hertzog und Christiaan de Wet.

Nachdem in Großbritannien 1906 ein Wechsel von den Konservativen zu den Liberalen unter Sir Henry Campbell-Bannerman stattgefunden hatte, fasste die neue Führung den Beschluss, Transvaal im Dezember desselben Jahres und der Orange River Colony im Juni 1907 selbstverantwortliche Regierungen zu geben. Het Volk und die Orangia-Union gewannen jeweils die Wahlen, woraufhin ganze fünf Jahre nach Kriegsende ehemalige Afrikaaner-Größen an der Spitze der Kabinette standen: Louis Botha in Transvaal, der tatkräftig von Jan C. Smuts unterstützt wurde, sowie Abraham Fischer in der Orange River Colony, zu dessen Regierung General Hertzog gehörte.

Insbesondere die immer mehr in den Vordergrund rückende „Native Question", die so genannte Eingeborenenfrage, bildete die Triebfeder hinter dem Einigungsprozess Südafrikas. Eine Nationalversammlung sollte die Verfassung erarbeiten, zu diesem Zweck fanden 1908 und 1909 Treffen afrikaans- und englischsprachiger Politiker in Durban, Kapstadt und Bloemfontein statt. Ein wichtiger Punkt der Erörterungen bildete in der Tat die „Eingeborenenfrage", genauer: die Frage des Wahlrechts für Nichtweiße. Beinahe wäre die greifbar nahe Union der vier Teilprovinzen – Kapprovinz, Orange Free State – bis 1909 Orange River Colony-Transvaal und Natal – an diesem Problem gescheitert, denn eine Einigung war nicht zu erzielen. Insbesondere Jan Smuts betrieb jene Lösung, die das Problem einfach vertagte: Jede Provinz sollte mit der Wahlrechtsfrage nach eigenem Ermessen verfahren, was etwa in der Kapprovinz auf ein eingeschränktes Wahlrecht für Nichtweiße, in den ehemaligen Afrikaaner-Republiken auf die völlige Versagung dieses Rechtes hinauslief. Auf gesamtstaatlicher Ebene blieb ihnen das Wahlrecht ebenfalls versagt. Im Übrigen sah die künftige Verfassung ein Zweikammer-System sowie einen von der britischen Regierung eingesetzten Generalgouverneur vor. Streit gab es auch um die Hauptstadt des neuen Südafrikas. Kapstadt bekam schließlich den Sitz der Legislative, Pretoria erhielt die Verwaltung und Bloemfontein wurde der Oberste Gerichtshof zugesprochen.

Das so genannte Südafrikagesetz mit seinen die Nichtweißen diskriminierenden Bestimmungen trat am 31. Mai 1910 in Kraft, auf den Tag genau acht Jahre nach der Kapitulation der Afrikaaner im Südafrikanischen Krieg.

Schwarze und Coloureds waren daran nicht beteiligt worden, sie hatten noch versucht, die Wahlrechtsbestimmungen ändern zu lassen, doch vergebens. Selbst eine zu diesem Zweck nach London entsandte Delegation unter Leitung des ehemaligen Premierministers der Kapkolonie W. P. Schreiner vermochte keine Verbesserung zu erreichen.

Die neu geschaffene Südafrikanische Union als Teil des Britischen Empire nahm in der Wahlrechtsfrage eine schwere Hypothek mit auf ihren Weg in die Zukunft.

8. Eine weiße Union

Seit der Gründung der Südafrikanischen Union im Jahre 1910 entwickelte sich der Parlamentarismus am Kap über mehrere Jahrzehnte im Zeichen des afrikaans-britischen Antagonismus. Abgesehen von dem kardinalen „Rassenproblem", der Machtfrage zwischen Schwarz und Weiß, fand die Parteipolitik ihre Nahrung in
den alltäglichen Erscheinungsformen dieses Gegensatzes, etwa im
so genannten Flaggenstreit, im Ringen um die Nationalhymne
und den Sprachenproporz zwischen Holländisch bzw. Afrikaans
und Englisch, in der Frage einer Republik „los von England" sowie in der Diskussion um die Teilnahme des Landes an zwei
Weltkriegen an der Seite Großbritanniens.

Wechselnde Parteibündnisse, Parteifusionen und -gründungen
bildeten ein Charakteristikum der südafrikanischen Innenpolitik
bis in die späten 40er Jahre des 20. Jahrhunderts.

Die erste Unionsregierung nach Wahlen, an denen nur weiße
Männer teilnehmen durften, wurde 1910 von der South African
Party (SAP) unter der Leitung General Louis Bothas gebildet. Auch
die beiden anderen prominenten Generäle des Südafrikanischen
Krieges, Hertzog und Smuts, gehörten ihr anfangs an. Obwohl
die Partei eine afrikaanse Prägung besaß, zählten zur ersten Regierung auch englischsprachige Parteimitglieder aller Provinzen. Unter dem Eindruck des günstigen historischen Augenblicks der
Unionsgründung versuchten die Verantwortlichen nach Kräften,
die Einheit aller Südafrikaner weißer Hautfarbe zu stärken. Bereits
1913 trennte sich jedoch General Hertzog von der SAP, da die Regierung nach seiner Auffassung die südafrikanische Eigenständigkeit gemäß seinem Prinzip „Südafrika zuerst" nicht genügend be-
tonte. Mit einigen Anhängern gründete er im Januar 1914 die neo-
republikanische National Party (NP), die auf mehr Selbstständigkeit gegenüber London, die muttersprachliche Schulerziehung und
die strikte Zweisprachigkeit im Öffentlichen Dienst setzte.

Der Erste Weltkrieg schien einigen Afrikaanern noch einmal
Gelegenheit zu bieten, die Trennung der Union von Großbritan-

nien zu erreichen. Auf Befehl Londons waren südafrikanische Truppen nach Deutsch-Südwestafrika einmarschiert. Die offene Rebellion einiger Afrikaaner-Generäle stellte die Regierung Botha/Smuts jedoch vor eine Zerreißprobe. Am 12. Oktober 1915 verhängte Minister Smuts das Kriegsrecht und Einheiten unter General Botha schlugen die Fronde nieder.

Auf Seiten der Entente kämpften in Deutsch-Ostafrika sowie in Nordfrankreich über 140 000 bewaffnete weiße Südafrikaner und ca. 80 000 unbewaffnete schwarze südafrikanische Hilfstruppen. Durch den Friedensvertrag von Versailles erhielt die Union aus der Konkursmasse des Deutschen Reiches die Mandatsherrschaft über Südwestafrika. Pretoria verwaltete das spätere Namibia praktisch wie eine fünfte Provinz.

Der Bruch zwischen Botha und Hertzog 1913, der Neo-Republikanismus Hertzogs sowie die schon erwähnte Rebellion angesichts der Invasion Deutsch-Südwestafrikas führten im und unmittelbar nach dem Ersten Weltkrieg zu einem afrikaansen *risorgimento* (Davenport), einer politischen, wirtschaftlichen und kulturellen Einheitsbewegung, die das afrikaanse *volk* in den Mittelpunkt rückte. Während die Partei Hertzogs die politische Bindung betrieb, bemühte sich der neu gegründete Zeitungsverlag Nasionale Pers um die propagandistische Beeinflussung. Bemerkenswerte wirtschaftliche Maßnahmen versuchten die Misere der weißen afrikaansen Arbeitslosen nach dem Krieg in den Griff zu bekommen. Langfristig dachte man, etwa durch die Gründung der „Volksbank" sowie der SANTAM als Versicherungs- und Stiftungsgesellschaft und der SANLAM als Lebensversicherungsgesellschaft eine vom britischen (und in den 30er Jahren häufig so titulierten „jüdischen") Kapital weitgehend unabhängige afrikaanse Wirtschaftsstruktur aufbauen zu können.

Auf kulturellem Gebiet schließlich betätigte sich seit 1918 der Afrikaner Broederbond, der sich die Förderung einer „christlich-nationalen Kultur" zum Ziel setzte. Von den 30er Jahren an agitierte der Broederbond im Untergrund und strebte nach maßgeblicher Einflussnahme auf den politischen Entscheidungsprozess in der Union.

Nach Bothas Tod im Jahre 1919 übernahm Smuts die Führung der SAP, die sich bereits seit den Wahlen von 1915 im Niedergang befand. Zunächst hatte Hertzogs Nationale Partei von dem bei den Afrikaanern weithin unpopulären Kriegseintritt des Landes profitieren können, ein Erfolg, der sich bei den Wahlen des Jahres 1920 fortsetzte. Als Reaktion auf die Schwächung seiner Partei betrieb Smuts erfolgreich die Fusion mit den Unionists, der Partei englandtreuer Südafrikaner. Auch die Labour Party, die sich überwiegend auf die weiße Industriearbeiterschaft am Witwatersrand stützte und eine einseitige Interessenpolitik gegen die schwarze Arbeiterschaft betrieb, gewann noch einmal Stimmen hinzu. Dann jedoch setzte als Folge des Kriegsendes eine Rezession ein, die auch die soziale Sicherheit der Weißen im Goldbergbau bedrohte und die Labour Party schwächte. Die mächtige südafrikanische Chamber of Mines, die Minenkammer, nutzte die Situation der Labour Party, um bedeutende arbeitspolitische Änderungen durchzusetzen. Sie erhöhte die Zahlen billiger schwarzer Arbeitskräfte in den Minen bei gleichzeitiger Lohnsenkung. Scharfe Proteste der weißen Minenarbeiter waren im Jahre 1922 die Antwort, sie führten rund um Johannesburg zu revolutionsähnlichen Zuständen. Da die Chamber of Mines ursprünglich die Unionists unterstützt hatte, diese aber mittlerweile in der SAP Smuts' aufgegangen war, traf der Zorn der Weißen am Witwatersrand nunmehr Smuts und seine Regierung, denen man die Verantwortung für die ca. 150 Toten und rund 600 Verwundeten der so genannten Rand-Revolte zur Last legte. Smuts, der die militärische Niederschlagung des Aufstandes befehligt hatte, galt vielen afrikaansen Nationalisten fortab als Handlanger britischer Kapitalinteressen, dem das Wohl der arbeitsuchenden *Poor Whites*, der „armen Weißen", offenbar wenig bedeutete. Auch die noch junge Kommunistische Partei Südafrikas hatte sich zu jener Zeit noch völlig den Interessen der weißen Arbeiter verschrieben: Während der Rand-Revolte unterstützte sie jene berüchtigte Parole der Aufständischen, die da lautete: „Proletarier aller Länder vereinigt euch und kämpft für ein weißes Südafrika!" Erst im Jahre 1924 nahm die Partei einen Kurswechsel vor und öffnete sich den Schwarzen.

Als Folge dieser Ereignisse verlor die SAP unter Smuts die Parlamentswahlen von 1924 gegen einen Oppositionspakt aus Nationaler Partei und Labour Party. Smuts sprach von einer „unheiligen Allianz". In der Tat mutete das Bündnis der afrikaans geprägten Partei Hertzogs mit der Labour Party paradox an. Doch einte beide Partner ein Ziel, nämlich der „Schutz der weißen Arbeit" vor der billigen schwarzen Arbeitskraft. Das ermöglichte ihnen eine überraschend lange Regierungsdauer mit einer komfortablen Zwei-Drittel-Mehrheit der Stimmen im Parlament. In diese Zeit fielen Anstrengungen, durch staatliche Eingriffe, durch die Aufblähung des Öffentlichen Dienstes und arbeitsintensive Regierungsprogramme – hierzu gehörte z. B. auch die Errichtung des ersten südafrikanischen Stahlwerkes bei Pretoria – die hohe Arbeitslosigkeit unter den Weißen zu beseitigen. Darüber hinaus schuf diese Koalition unter Hertzog wichtige gesetzliche Grundlagen der künftigen Rassentrennungspolitik, der so genannten Segregation, nachdem bereits unter Smuts im Jahre 1923 der Native Urban Areas Act verabschiedet worden war. Dieses Gesetz bestimmte, dass Südafrikas Städte grundsätzlich Weißen als Wohnorte vorbehalten bleiben, Schwarze dort lediglich ein eingeschränktes Aufenthaltsrecht haben sollten. Hierunter fielen in der Folge auch zahlreiche und immer wieder veränderte Passbestimmungen, welche die Schwarzen zur ständigen Legitimation zwangen und wiederholt Anlass für ihr Aufbegehren bildeten.

Zehn Jahre zuvor, im Jahre 1913, war eines der bedeutendsten Gesetze in Kraft getreten, welches das Zusammenleben von Schwarzen und Weißen in der neu gegründeten Union regelte. Der Native Lands Act schrieb vor, dass Schwarze künftig nur noch in solchen Gebieten Land besitzen durften, die von der Regierung als Reservate definiert wurden. Umgekehrt war Weißen der Landbesitz in den Reservaten verboten. In der Praxis bedeutete diese Regelung, dass den Schwarzen zunächst nur ganze 7 % des Landes als Besitz zustand, obwohl sie damals bereits 70 % der Bevölkerung ausmachten. Im Jahre 1936 wurde die Fläche auf ca. 13 % erhöht. Bis dahin erfolgreiche schwarze *share-croppers*, kleine Farmpächter, verloren ihre Existenzgrundlage, während sich die weißen Farmer auf diese Weise unangenehmer Konkurrenz entledigten. Auch wurde den Schwarzen vielfach ihre Lebensplanung erschwert, da sie ohne ausreichende Weidegründe den traditionellen Brautpreis, zumeist in Form von Rindern, die *lobola*, nicht entrichten konnten.

Noch beinahe zwei Jahrzehnte bevor das Schlagwort der Apartheid Südafrika international zu stigmatisieren begann, erfolgte schon unter Hertzog ein entscheidender Schritt zur Trennung der Rassen selbst im intimsten Lebensbereich. Im Jahre 1927 verabschiedete das Parlament mit dem Immorality Act jenes Gesetz, das auf eine rigorose Trennung der Südafrikaner nach Hautfarben abzielte und den Geschlechtsverkehr zwischen Weißen und Schwarzen unter Strafe stellte.

Auch die politische Kontrolle der Nichtweißen erfuhr in der Ära Hertzog bereits eine gesetzliche Fixierung. Richtete sich der 1914 verabschiedete Riotous Assemblies and Criminal Law Amendment Act noch gegen Protestaktionen der weißen Gewerkschaftsbewegung, zielte der Riotous Assemblies Act von 1930 auf das Verbot nichtweißer Aktionen und gab der Regierung Vollmacht, gegen derartige politische Versammlungen notfalls auch gewaltsam vorzugehen.

Hertzog nutzte seine Zwei-Drittel-Mehrheit im Parlament schließlich auch, um die *colour bar*, die so genannte Farbenschranke, im Wirtschaftsleben durchzusetzen. Eine Schlüsselstellung kam hier dem schon 1911 verabschiedeten und 1922 erneuerten Mines and Works Act zu, der die Nichtweißen von einer Reihe von Tätigkeiten ausschloß (*job reservation*) und der 1922 erneuert wurde. Mit dem Mines and Works Amendment Act von 1926 nun versuchte die Regierung Hertzog die weißen und farbigen Facharbeiter zu bevorzugen, indem Diplome und Zertifikate nur noch an diese, nicht mehr aber an Schwarze und Inder vergeben wurden. Die Reservierung bestimmter Tätigkeiten im Bergbau für Weiße wurde im Übrigen hinter vorgehaltener Hand auch damit begründet, dass den Schwarzen jeglicher Zugang zu Sprengmitteln verwehrt werden sollte. Dieses Ziel korrespondierte mit den allgemeinen Waffengesetzen des Landes, die den Schwarzen den Besitz von Feuerwaffen untersagten.

Mit der Balfour-Erklärung Londons von 1926 wurde ein bedeutender Schritt zur völligen Gleichberechtigung Südafrikas innerhalb des Empire vollzogen. Praktische Konsequenzen zeitigte sie im Jahre 1927: Die Union bildete ein eigenes Außenministerium und eröffnete die ersten eigenen diplomatischen Vertretungen in den Niederlanden, den USA und in Italien. Das Westminster-Statut von 1931 verlieh Südafrika und den anderen Dominien endgültig den Status formeller Unabhängigkeit vom britischen Mutterland.

Die Weltwirtschaftskrise verschärfte auch am Kap die Arbeitslosigkeit – unter den urbanisierten Schwarzen ebenso wie unter den Weißen. Stimmen wurden laut, die ein Verlassen des Gold-standards nach dem britischen Vorbild forderten, um dadurch den Export von Agrarerzeugnissen ankurbeln zu können. Während vor allem die Wollfarmer auf eine Abwertung der Währung hoff-ten und die von ihnen favorisierte Partei Hertzogs in dieser Richtung zu beeinflussen suchten, traten die Minenindustrie und die SAP von Smuts für die Beibehaltung des Goldstandards ein. Am 28. Dezember 1932 gab die Regierung bekannt, dass Süd-afrika den Goldstandard verlassen werde, eine Entscheidung, die ganz wesentlich zur Entstehung eines Wirtschaftsbooms im Lan-de beitrug, der, von kurzfristigen Krisen abgesehen, bis in die 60er Jahre des 20. Jahrhunderts anhielt.

Die Zäsur vom 28. Dezember ließ die Parteienlandschaft in Bewegung geraten: SAP und National Party näherten sich an und im März 1933 kam sogar eine Koalition zustande, die auf einigen wesentlichen Grundsätzen basierte. Dazu zählten die Erhaltung der südafrikanischen Autonomie gemäß dem Westminster-Statut, ferner eine Politik, die eine „gesunde" – gemeint war natürlich: weiße – Landbevölkerung gewährleiste, der „Schutz der weißen Arbeit" sowie die „Erhaltung der weißen Zivilisation" durch „Se-parierung" der Rassen.

Die Kabinettsposten gingen zu gleichen Teilen an die Nationa-listen und die SAP, wobei Hertzog Premierminister blieb und darüber hinaus das Außenministerium übernahm. Vizepremier Smuts wurde Justizminister.

Die neue Koalitionsregierung erfocht im Mai 1933 einen über-wältigenden Wahlsieg, der als Zustimmung der meisten Weißen zum Zusammengehen der beiden großen Parteien gewertet wer-den musste. Bis Ende 1934 ging aus der Koalition eine Fusion der National Party und der SAP zur United South African National Party oder kurz United Party hervor. Die Nationale Partei der Kapprovinz unter Führung des Predigers und Journalisten Daniel François Malan machte diesen Schritt jedoch nicht mit und ent-schied sich für die Eigenständigkeit unter der Bezeichnung „Ge-reinigte" National Party. Malan fand Unterstützung in einem kleinen Kreis „Gereinigter" aus Transvaal unter Führung von Johannes G. Strijdom. Für diese „Abtrünnigen" war die Fusion eine Unterwerfung unter „britischen Kapitalismus und Imperia-lismus".

Eng verwoben mit dem afrikaans-britischen Gegensatz auf einer eher allgemeinen politischen Ebene waren seit dem ausgehenden 19. Jahrhundert spezifische Begleiterscheinungen der partiellen Modernisierung Südafrikas. Unter Modernisierung wird hierbei idealtypisch der Prozess der Industrialisierung, Bürokratisierung und Urbanisierung eines Landes, verbunden mit einer starken Zunahme des Bruttosozialprodukts, erhöhter sozialer Mobilität und allgemeiner Demokratisierung verstanden.[16] Im Falle Südafrikas kann insofern nur von einer partiellen Modernisierung gesprochen werden, als die Bevölkerungsmehrheit des Landes, die Nichtweißen, so gut wie nicht von der sozialen Mobilität erfasst wurde und von der allgemeinen Demokratisierung ganz ausgeschlossen blieb.

Bis etwa 1886 war das Land ein Agrarstaat gewesen. Mit der Entdeckung von Diamanten und Gold änderte sich die südafrikanische Wirtschaftsstruktur rapide, so dass bald von einem Agrar- und Minenstaat gesprochen werden konnte, der sich in dieser Form bis etwa 1925 hielt. Mit dem Verlassen des Goldstandards entwickelte sich das Land seit etwa 1933 zu einem Industriestaat. Der Erste Weltkrieg sowie eine gezielte Industriepolitik unter Premierminister Hertzog wirkten auf den Industrialisierungsprozess stimulierend. Mit diesem Prozess war zugleich eine fortschreitende Verstädterung verbunden, die alle ethnischen Gruppen des Landes einbezog. Auf Grund von Dürren, Epidemien, Auswirkungen des niederländisch-römischen Erbrechts sowie der Verheerungen des Südafrikanischen Krieges strömten viele Tausend Afrikaaner in die Städte, insbesondere am Witwatersrand um Johannesburg, wo 1907 erstmals einige von ihnen als Kumpel unter Tage arbeiteten. Vor allem infolge der wirtschaftlichen Depression nach dem Ersten Weltkrieg entstand insbesondere unter den afrikaansen Weißen die Schicht der *Poor Whites*, deren Zahl von einer wissenschaftlichen Kommission für die Jahre 1932/33 auf ca. 300 000 geschätzt wurde. Bei einem weißen Bevölkerungsanteil von 1,8 Mio. im Jahre 1931 bedeutete dies, dass jeder sechste Weiße ein *Poor White* war. Politisch bedeutsam war dieses Phänomen insofern, als sich diese große Gruppe Weißer mit aller Kraft dagegen wehrte, auf eine Stufe mit den Schwarzen gestellt zu werden. Einerseits erwiesen sich die *Poor Whites* als besonders anfällig für antibritische, in den 30er Jahren auch antisemitische,

Parolen, andererseits drängten sie wie keine andere weiße Bevölkerungsgruppe auf Wahrung ihrer Privilegien gegenüber den Schwarzen. Die Regierung unter Hertzog nutzte daher ihre Stimmenmehrheit im Parlament nicht nur, um Gesetze zu verabschieden, die die Weißen im aufgeblähten Staatsdienst in Lohn und Brot brachte, sondern sie hatte nun auch die Macht, die alte Wahlrechtsfrage landesweit einheitlich zu regeln. Den Schwarzen wurde in der Kapprovinz das Wahlrecht entzogen, statt dessen erhielten sie nur noch die Möglichkeit, über eine getrennte Wählerliste drei weiße Abgeordnete als ihre Interessenvertreter in das Parlament zu entsenden. Bereits die Regierung aus National Party und Labour hatte 1930 den Einfluss von Wählerstimmen der Coloureds dadurch zu neutralisieren verstanden, dass sie weißen Frauen das Wahlrecht einräumte, Frauen der Coloureds jedoch nicht.

Im Jahre 1938 errang die United Party unter Hertzog und Smuts noch einmal einen deutlichen Wahlsieg. Er konnte jedoch nicht verdecken, dass es zwischen den beiden Männern zu Spannungen gekommen war, die zu einem nicht unerheblichen Teil ihren Ursprung in der kriegstreiberischen Außenpolitik Hitlers hatten. Im casus belli stand für Hertzog die Neutralität Südafrikas fest, während für Smuts eine Unterstützung Großbritanniens Ehrensache war. Am 4. September 1939, wenige Tage nach dem Ausbruch des Zweiten Weltkrieges, lehnte das Parlament einen Antrag von Premierminister Hertzog auf Neutralität des Landes mit 80 gegen 67 Stimmen ab. Smuts wurde zum Premierminister gewählt, und am 6. September erklärte die Südafrikanische Union Deutschland den Krieg.

Anfang 1940 taten sich Hertzog und D. F. Malan zusammen und gründeten die „Wiedervereinigte" Nationale Partei, die vor allem das Ziel verfolgte, das Land in die Neutralität zu führen. Malan stand der Partei bald allein vor, denn Hertzog zog sich aus der Politik zurück. Die „Wiedervereinigten" konnten mit einer Unterstützung aus der afrikaansen Wählerschaft rechnen, denn in ihr war ein Krieg gegen Deutschland durchaus unpopulär, ohne dass die Afrikaaner damit sogleich allesamt Sympathisanten des „Dritten Reiches" gewesen wären. Solche gab es natürlich auch und in nicht geringer Zahl, und eine 1939 gegründete Kulturorganisation der Afrikaaner, die Ossewabrandwag (deutsch: Ochsenwagenbrandwache, OB), entwickelte sich unter ihrem Führer Hans van Rensburg zum geheimen Ansprechpartner Berlins am Kap. In das Reich der Legenden gehört jene im Südafrika der Nachkriegszeit kolportierte Behauptung, das nationalsozialistische Deutschland habe mit Hilfe der OB die Regierung Smuts zu stürzen versucht. Berlin hatte im Krieg schlicht kein besonderes Interesse an Südafrika, es stützte wohl propagandistisch über Kurzwellensendungen die Politik der Nadelstiche seitens der OB, die sich etwa in Bombenanschlägen äußerte. Auch war man dankbar für die Industriediamanten, die OB-Emissäre über das Deutsche Konsulat im mosambikanischen Hafen Lourenço Marques – Mosambik war wie die Kolonialmacht Portugal neutraler Boden – nach Deutschland schmuggeln ließen, doch war für die Reichsregierung die Aussicht auf einen selbstbewussten, afrikaans dominierten Regierungspartner in Pretoria weniger verlockend als die Hoffnung auf ein insgesamt militärisch geschlagenes britisches Weltreich, als dessen einer Teil ihr die Südafrikanische Union dann wie ein reifer Apfel in den Schoß fallen mußte. Aus dem Dunstkreis der OB stammten im Übrigen sogleich nach Kriegsende jene Afrikaaner, die aus Deutschland Kriegswaisen ans Kap holen wollten, einerseits um den Kindern eine sichere Zukunft zu geben, andererseits aber auch, um dem Afrikaanervolk eine „Injektion arischen Blutes" zukommen zu lassen. Vor allem Waisen von Angehörigen der Waffen-SS standen auf der Wunschliste der „Kinder von 48". Nicht nur dem Umstand, dass es nicht unbegrenzt viele von ihnen gab, war es geschuldet, dass schließlich im Jahre 1948 nicht 10 000 wie geplant, sondern nur 83 Kinder in Kapstadt ankamen.

Parteiführer Malan widerstand der Versuchung, mit der OB eng zu kooperieren, und seine vor allem taktisch begründete Distanz zahlte sich aus, als sich das Kriegsgeschehen seit Anfang 1943 gegen Deutschland zu wenden begann. Zunächst einmal gewann jedoch General Smuts die „Kriegswahlen" von 1943 mit absoluter Mehrheit. Als Mitglied des Kriegskabinetts unter Winston Churchill genoss er nicht nur in England, sondern bei sämtlichen Alliierten großes Ansehen, sein Name ist auch mit der Ausarbeitung der Präambel der Vereinten Nationen eng verknüpft.

Während südafrikanische Einheiten – bestehend aus britischstämmigen und afrikaansen bewaffneten Weißen sowie vielen tausend unbewaffneten Nichtweißen – Madagaskar befreiten, an der Rückeroberung des von den Italienern besetzten Abessinien (heute: Äthiopien) entscheidenden Anteil hatten, in Nordafrika sowie am Monte Cassino kämpften und das Renomee ihres Landes mehrten, fanden in den industriellen Ballungsräumen der Heimat beinahe unbemerkt weitreichende Veränderungen statt. Der Krieg hatte zu einem Aufblühen der Wirtschaft geführt, gleichzeitig fehlten den Betrieben jedoch jene Arbeitskräfte, die an die Front geschickt worden waren. Der Prozess der Urbanisierung der Schwarzen aus den ländlichen Räumen erhielt daher einen gewaltigen Schub – Zigtausende machten sich auf den Weg nach Johannesburg oder auch nach Kapstadt, wo die britische Marinebasis Simonstown den Nachschub für die Marineeinheiten im Atlantik sowie im Indischen Ozean organisierte. Es war kaum vorstellbar, dass sich nach Kriegsende und angesichts einer neuen wirtschaftlichen Depression – vergleichbar jener nach dem Ende des Ersten Weltkrieges – die Beziehungen zwischen den arbeitsuchenden Weißen und den inzwischen zugezogenen Schwarzen problemlos gestalten würden. Weit eher denkbar war hingegen, dass die schwarzen Industriearbeiter politische Mitsprache verlangen und die nicht-weißen Kriegsveteranen eine Anerkennung für ihren Einsatz zu Gunsten der „weißen Union" einfordern würden.

Die „weiße Union" des Jahres 1910 traf die schwarze Bevölkerungsmehrheit politisch unvorbereitet. Sie war in sich uneins und zerfiel in verschiedene Klassen und Gruppen. Vereinfachend lassen sich für die Jahrhundertwende drei Hauptgruppen unterscheiden. Da gab es zum einen die Landbevölkerung, die häufig von weißen Farmern abhängig war und durch die Landgesetze von 1913 vielfach in tiefe Armut gestürzt und zur Verfügungsmasse für den Arbeitsmarkt wurde. Zum anderen existierte in den Städten – vor allem des Witwatersrands – ein urbanes Proletariat. Die dritte Gruppe umfasste – ebenfalls in den Städten – eine gebildete Elite, deren Angehörige entweder als kleine Geschäftsleute ihr Auskommen suchten oder aber als Angestellte der Verwaltung oder der Bergwerke arbeiteten.[17]

Aus dieser schwarzen Elite einschließlich einiger schwarzer Stammeshäuptlinge rekrutierte sich der South African Native National Congress (SANNC), der 1912 unter der Leitung des Zulu Dr. Pixley ka I Seme in Bloemfontein gegründet und der im Jahre

1923 in African National Congress (ANC) umbenannt wurde. „Häuptlinge königlichen Blutes und Gentlemen unserer Rasse" – so begrüßte Seme 1912 die Anwesenden in der Hauptstadt des Orange Free State. Diese Anrede machte deutlich, dass der SANNC gemäßigte und auf Statuserhalt bedachte Honoratioren in seinen Reihen wusste.[18] Ausgebildet in den Missionsschulen der Weißen, strebten sie nach allmählicher Gleichberechtigung, vertrauten grundsätzlich auf den guten Willen der weißen Machthaber und handelten strikt verfassungskonform. Petitionen und Denkschriften sowie gelegentliche Reisen nach London als Bittsteller gehörten zu dem Waffenarsenal, mit dem sie die Weißen zu Zugeständnissen bewegen wollten. Ihrem elitären Bewusstsein entsprach ferner das Bestreben, sich von den ungebildeten schwarzen Massen zu distanzieren, obwohl sie gleichzeitig behaupteten, für alle Schwarzen zu sprechen.

Es verwundert nicht, dass dem SANNC/ANC bald eine radikalere Konkurrenz erwuchs. Die 1919 gegründete Industrial and Commercial Workers Union (ICU) verstand es, die Nöte und Probleme der Schwarzen in Stadt und Land wirkungsvoller aufzufangen. Mit Streiks versuchte die Organisation handfeste Verbesserungen für die schwarzen Arbeiter in den Minengebieten durchzusetzen. Nicht zuletzt auf Grund von Korruption und Misswirtschaft in den eigenen Reihen setzte jedoch seit Ende der 20er Jahre ihr Niedergang ein.

Parallel zu institutionalisierten Oppositionsformen wirkten religiös und endzeitlich inspirierte Bewegungen gegen die weiße Minderheitsherrschaft. Im Mai 1921 hatte sich in Bulhoek im Ostkap eine Sekte versammelt, um das Ende der Welt abzuwarten. Bei Zusammenstößen mit der Polizei kam es zu Schießereien, an deren Ende 163 tote „Israeliten" zu beklagen waren. Insbesondere in den ehemaligen Grenzkriegsgebieten des Ostkaps, das mehrheitlich von Angehörigen der Xhosa bewohnt war, schälte sich zunehmend die Hoffnung auf ein göttliches Eingreifen gegen die Unterdrückung durch die Weißen heraus – nicht in der Abkehr vom Christentum äußerte sich diese Hoffnung, sondern in der Abwendung von der von Weißen beherrschten Kirchenhierarchie und in der Gründung „afrikanischer" christlicher Kirchen.

Eine weitere Gruppierung fußte auf der Lehre des schwarzen Amerikaners Marcus Garvey, die schwarzes Selbstbewusstsein predigte und weißen Paternalismus ablehnte. Diese Strömung sollte noch Jahrzehnte nach dem Zweiten Weltkrieg in Südafrika große Bedeutung erlangen, auch wenn der Name Garveys dabei keine besondere Rolle mehr spielte.

Nach dem Kurswechsel der südafrikanischen Kommunisten im Jahre 1924, der mit der Hinwendung der Partei zu den Interessen der schwarzen Arbeiterschaft verbunden war, musste sich auch der ANC mit der Frage einer Kooperation mit den Kommunisten befassen. Josiah Gumede, Vorsitzender des ANC von 1927 bis 1930, kannte die Sowjetunion aus eigener Anschauung und betrieb eine Zusammenarbeit des ANC und der Communist Party of South Africa (CPSA). Doch damit entfremdete er sich sowohl der schwarzen Landbevölkerung als auch den konservativ-missionskirchlich geprägten Häuptlingen.

Unter der Leitung des gemäßigten Dr. Seme (seit 1930) vermochte der ANC den segregationistischen Rassengesetzen der Regierung Hertzog wenig Wirkungsvolles entgegenzusetzen. Die Wahl des Arztes Dr. Xuma zum Vorsitzenden im Jahre 1940 bildete dann eine Zäsur in der Geschichte des ANC. Xuma setzte organisatorische Reformen durch, die auf größere Effizienz und breitere Verankerung der Vereinigung in der schwarzen Bevölkerung abzielten. Diesem Zweck dienten u.a. der Aufruf zur Mitwirkung der Frauen sowie die Gründung der ANC Youth League, der Jugendorganisation. Walter Sisulu, Oliver Tambo, Nelson Mandela sowie Anton Lembede und Robert Sobukwe bildeten in der Jugendliga eine rhetorisch militant auftretende Speerspitze, die den eher gemächlich operierenden ANC zu einem härteren Vorgehen zwingen wollte. Lembede und Sobukwe repräsentierten dabei eine afrikanistische Richtung, die anfangs auch Mandela faszinierte und die sich später vom ANC abspaltete. „Afrika den Afrikanern" zählte zu den Losungen dieser Gruppierung, die eine Zusammenarbeit mit weißen Liberalen und Kommunisten ablehnte.

Günstig wirkte sich für den ANC in den 40er Jahren – aufgrund des Zweiten Weltkriegs – die Arbeitsmarktlage aus. Der Zustrom schwarzer Arbeitskräfte in die industriellen Ballungsräume verstärkte sich, da viele weiße Arbeiter an die Front mussten. So stieg der prozentuale Anteil der schwarzen Bevölkerung in städtischen Gebieten von 12,6 % im Jahre 1911 auf 23,7 % im Jahre 1946, und damit auch ihr politisches Gewicht. Nicht wenige Weiße sahen darin eine latente Bedrohung ihrer privilegierten Stellung in der Zeit nach Kriegsende.

Der erste südafrikanische Wahlkampf in Friedenszeiten, der selbstverständlich eine rein weiße Veranstaltung war, fand 1948 statt. Während Premierminister Smuts als Mitglied des britischen Kriegskabinetts den Ruhm des Sieges genoss und sich vorwiegend außenpolitischen Fragen widmete, hatte die nationalistische Opposition unter D. F. Malan im wahrsten Sinne des Wortes die Zeichen der Zeit erkannt und ihren Wahlkampf unter das Motto der Apartheid, der radikalen rassischen Trennung aller Südafrikaner, gestellt.

9. Apartheid

Das Bündnis der National Party Malans und der Afrikaner Party von N. C. Havenga – diese Gruppierung fühlte sich dem Erbe des 1942 verstorbenen Ex-Premierministers Hertzog verpflichtet – ging aus den Wahlen vom 26. Mai 1948 als Sieger hervor. Smuts war mit seiner United Party ebenso unterlegen wie die Labour Party. Bitter war für den Kriegspremier vor allem der Umstand, dass er seinen eigenen Wahlkreis Standerton nicht hatte halten können. Er zog sich aus der Politik zurück und verstarb zwei Jahre später.

Mit dem Tod der alten Militärs Hertzog und Smuts endete das „Zeitalter der Generäle" in der südafrikanischen Politik und das-jenige der Ideologen und Technokraten nahm seinen Anfang.[19] Der neue Premierminister Malan war mit dem Ziel in den Wahl-kampf gezogen, gemäß dem Gedanken der strikten Apartheid (deutsch: Getrenntheit) der Rassen ein für allemal die *wit baasskap*, die weiße Herrschaft, in Südafrika zu sichern. Aller-dings verfügte die Partei keineswegs über ein ausgefeiltes Pro-gramm, vielmehr ging sie nach der Machtübernahme eher unsys-tematisch daran, die Apartheid durchzusetzen. Sie konnte dabei mühelos auf dem rassenpolitischen Gesetzeswerk der Vorgänger-regierungen aufbauen – weite Teile der Apartheidgesetzgebung stellten bei genauer Betrachtung schriftliche Kodifizierungen und Verschärfungen bereits bestehender Regelungen dar.

Zunächst jedoch war die Regierung Malan damit beschäftigt, ihre einmal errungene Macht abzusichern. Dazu schuf sie Sitze für weiße Abgeordnete aus dem ihr von den Vereinten Nationen übertragenen Mandatsgebiet Südwestafrika und griff ferner auf ein altes Instrument der Ausländerpolitik Paul Krügers in der ZAR zurück: Sie zögerte die Einbürgerung solcher Weißer hinaus, von denen sie annahm, dass sie bei Wahlen ihre Stimme nicht der afrikaans geprägten National Party geben würden. Von größerer Bedeutung war indes die Entfernung der Coloureds von der all-gemeinen Wählerliste der Kapprovinz. Das entsprechende Gesetz von 1951 bestimmte, dass sie künftig nur noch vier weiße Abgeordnete als Interessenvertreter wählen durften. Angesichts des unter den Coloureds am Kap verbreiteten Alkoholismus wirkte die Begründung von Innenminister Dönges einigermaßen geschmacklos: Besser seien künftig vier volle Flaschen im Parlament als 55 leere.[20]

Zur Politik der nationalistischen Machtsicherung zu Gunsten des afrikaansen Bevölkerungsteils gehörte auch die rigide durchgeführte Afrikaanerisierung des öffentlichen Lebens. Wo immer es möglich war, wurden englischsprechende weiße Südafrikaner durch Afrikaaner ersetzt bzw. wurden Letztere befördert: gleichgültig, ob in der Armee, bei den Eisenbahnen, im Rundfunk, im Geheimdienst oder in der Verwaltung. Hand in Hand mit diesem Prozess ging eine enorme Ausweitung des Öffentlichen Dienstes und der Bürokratie einher – beide Bereiche dienten der Arbeitsbeschaffung für Weiße, vorzugsweise Afrikaaner mit niedrigem Bildungsniveau, die sonst bei der Arbeitssuche mit Schwarzen hätten konkurrieren müssen. Bei aller entschiedenen anti-kommunistischen Rhetorik südafrikanischer Politiker nach 1948: Kaum ein Land der westlichen Welt griff derart in den Arbeitsmarkt ein wie die Südafrikanische Union.

Die Gesetze der Apartheid, wie sie von der National Party im Verlauf der nächsten Jahrzehnte – es sollte in der Tat fast vierzig Jahre dauern, bis die Partei die Macht abgeben musste – verabschiedet wurden, ruhten auf sieben Säulen: auf der schärferen Definition von Rassen, auf der exklusiv weißen Teilhabe an politischen Institutionen und der Kontrolle darüber, auf getrennten Institutionen oder Territorien für Schwarze, auf der räumlichen Segregation in Stadt und Land, auf der Kontrolle der schwarzen Migration in die Städte, der strikteren Trennung des Arbeitsmarktes sowie schließlich auf der Trennung unterschiedlicher Einrichtungen des täglichen Lebens – angefangen von Parkbänken über Toiletten bis hin zu getrennten Bildungseinrichtungen. „Petty Apartheid" (deutsch: kleine Apartheid) bürgerte sich als Bezeichnung für die kleinkarierte Trennung im täglichen Leben ein.

Es ist kaum möglich, auch nur annähernd alle Gesetze der Apartheid zu nennen und ihre Bedeutung für die Betroffenen zu gewichten. Eine Übersicht aus dem Jahre 1986 führt über 1000 auf. Gleichwohl lassen sich gerade in der Ära Malan (1948–1954) Meilensteine auf dem Weg der Apartheid-Entwicklung erkennen.

Das Jahr 1950 markiert zweifellos einen wichtigen Ausgangspunkt für diese Entwicklung, nachdem im Jahr zuvor mit dem Prohibition of Mixed Marriages Act, also dem gesetzlichen Verbot der Heirat zwischen Weißen und Nichtweißen, eine Verschärfung des Hertzogschen Immorality Act von 1927 erfolgt war. Der Immorality Amendment Act des Jahres 1950 bestimmte, dass sexuelle Beziehungen zwischen Weißen und Angehörigen aller anderen Rassen strafbar wurden. Um eine Vorstellung von der Zahl der registrierten „Delikte" dieser Art zu geben: Zwischen 1950 und 1960 wurden 3890 Personen nach dem Immorality Act zu Haftstrafen verurteilt.[21]

Als gesetzliche Basis für die Unterscheidung klar definierter Gruppen diente der Population Registration Act aus dem Jahre 1950. Denn dieses Gesetz regelte die Einordnung jedes Südafrikaners in folgende Kategorien: Schwarze, Weiße – aus handelspolitischen Gründen galten auch die Japaner als Weiße „ehrenhalber" – Coloureds, Inder oder Asiaten. Die Klassifizierung erfolgte auf Grund von Körpermerkmalen wie etwa der Hautpigmentierung – man sprach gelegentlich von der südafrikanischen Pigmentokratie –, aber auch nach sozialen Kriterien wie „Umgang" sowie nach dem äußeren Erscheinungsbild der Person. Es versteht sich von selbst, dass die Einordnung nicht nur die organisatorische Voraussetzung für die Apartheidpolitik bildete, sondern dass sie auch über politische Rechte sowie sozialen und wirtschaftlichen Status entschied. Familien wurden durch die Einordnung auseinander gerissen und Umklassifizierungen sorgten in Zweifelsfällen für die neue Kategorisierung des Betroffenen. Der Population Registration Act gliederte beispielsweise die Gruppe der Coloureds noch einmal in weitere Untergruppen: Cape Coloured, Kap-Malaien, Griqua sowie sonstige Coloured. Zeitweilig dachten einige der streng calvinistischen Apartheidpolitiker sogar daran, die katholische Minderheit der Portugiesischstämmigen auf Grund ihrer vergleichsweise dunklen Hautpigmentierung den politisch benachteiligten Coloureds zuzuschlagen.

Ideologischer *think tank* der Regierung in Fragen der Apartheid war das South African Bureau of Racial Affairs (SABRA), es stellte ihr Daten, Analysen und definitorische Vorgaben für den Umgang mit den Nichtweißen zur Verfügung. So versuchte SABRA auch die definitorischen Kalamitäten bei der Einordnung der Coloureds zu beheben, indem es argumentierte, diese Gruppe bilde eine eigene „Gemeinschaft" mit zwar nicht weiter bestimmten Charakteristika, die jedoch gleichwohl geistig und traditionell verwurzelt seien. Sie fänden ihren Ausdruck in Einstellungen, Geisteshaltungen, Lebensstilen und Formen des gesellschaftlichen Umgangs. Bei dem Versuch, mit Hilfe einer eigenen Behörde im Zweifelsfall die Rassenzugehörigkeit festzulegen, suchte die Regierung nicht selten Zuflucht in der Genealogie einerseits und dem äußeren Erscheinungsbild ein und der selben Person andererseits. Kinder eines weißen und eines schwarzen bzw. farbigen Elternteils wurden automatisch Coloureds, während etwa das Kind einer Coloured und eines Schwarzen nach der Rassenzugehörigkeit des Vaters eingruppiert wurde – nach den Bestimmungen des genannten Gesetzes. Nach einem anderen berüchtigten Gesetz, dem Group Areas Act, konnte es aber absurderweise zugleich auch ein Coloured sein.

Dieses Gesetz, das ebenfalls im Jahre 1950 in Kraft trat, wies den verschiedenen ethnischen Gruppen eigene Wohngebiete zu. Es bildete nicht nur die Grundlage für die Räumung und Niederwalzung gewachsener nichtweißer Wohnviertel, wie z. B. District Six in Kapstadt oder Sophiatown bei Johannesburg, es erleichterte später auch die Schaffung so genannter schwarzer Homelands in den Reservaten während der Regierungszeit von Premierminister Hendrik F. Verwoerd. Vielleicht war es der Group Areas Act, der das größte Ausmaß an Leid unter den Nichtweißen Südafrikas während der Apartheidjahre verursachte. Insgesamt waren 3,5 Mio. Menschen oder mehr als 10 % der Gesamtbevölkerung während seiner Geltungsdauer davon betroffen worden.

Eine Art „Allzweckwaffe" für die Unterdrückung jeglichen Widerstands gegen die Apartheid schuf sich die Regierung bereits 1950 mit dem Suppression of Communism Act. Das Gesetz definierte zu bekämpfende kommunistische Aktivität derart unscharf, dass es praktisch gegen jeden sich regenden Widerstand anwendbar war.

Um die Bewegungen der Schwarzen jederzeit kontrollieren zu können, dehnte die Regierung Malan das bestehende Pass-System weiter aus. Zwar suggerierte die Bezeichnung Abolition (deutsch: Abschaffung) of Passes and Consolidation of Documents Act von 1952 das Ende dieses Systems, tatsächlich aber wurden die Schwarzen nunmehr gezwungen, ein *reference book*, ein Nachweisbuch für den Aufenthalt in „weißen" Städten, mit sich zu führen, das ausführliche persönliche Daten enthielt. Zwar provozierte gerade das *reference book* mit seinen damit verbundenen schikanösen Kontrollen den anhaltenden Zorn der Schwarzen – andererseits aber gestand die Regierung mit dem Dokument unausgesprochen ein, dass Schwarze offensichtlich in weißen Städten lebten, diese also nicht per se weißen Mannes Land waren.

Der Arbeitsplatzreservierung für Weiße diente schließlich der Bantu Education Act von 1953, der faktisch eine höhere Bildung für Schwarze erschwerte und folglich deren Chancen auf höher qualifizierte Arbeitsplätze verringerte.

Auch der Nachfolger Malans im Amt des Premierministers, der aus dem ländlich-konservativ geprägten Transvaal stammende J. G. Strijdom (1954–1958), verfolgte die Politik der *wit baasskap*, ohne dass seine Regierungszeit jedoch besondere Zäsuren in der Verfolgung dieser Strategie verzeichnet hätte.

Mit dem gebürtigen Amsterdamer Hendrik Frensch Verwoerd trat 1958 indes ein Mann an die Spitze der Exekutive, der wie kaum ein anderer südafrikanischer Politiker die Apartheid prägte und dem zu Recht der zweifelhafte Titel „Architekt der Apartheid" (Kenney) zugesprochen worden ist. Allerdings verfügte Verwoerd über einflussreiche Berater an seiner Seite, unter denen dem deutschstämmigen Missionarssohn Werner W. M. Eiselen in Bezug auf das Verwoerdsche Apartheidkonzept vermutlich eine bedeutsame Rolle zukommt. Unter den in Südafrika seit langem tätigen Vertretern der Berliner Missionsgesellschaft besaß das Konzept der Stammesidentität und der räumlichen Trennung von Angehörigen unterschiedlicher Stämme eine zentrale Bedeutung.[22] Hingegen ist in Verwoerds Studienjahre im Deutschland der späten 20er Jahre viel hineininterpretiert worden, was seine strenge Rassentrennungspolitik angeblich zu erklären vermochte. Danach sei Verwoerd im weitesten Sinne nationalsozialistisch beeinflußt worden, eine Behauptung, die durch keinen Quellenbefund gestützt wird.[23]

Zum Zeitpunkt seiner Ermordung im Parlament im Jahre 1966 war der Name Verwoerd untrennbar mit den Begriffen des „Homeland" und der „Grand Apartheid" verknüpft. Sie bezeichneten die Vorstellung Verwoerds, aus den alten Stammesgebieten und Reservaten der Schwarzen langfristig unabhängige Staatswesen zu machen und damit den Großteil der Bevölkerung aus dem restlichen Südafrika hinauszudefinieren und dort zu Ausländern zu erklären.

Als erstes Homeland – oder Bantustan, wie die Gegner dieser Politik es formulierten – wurde 1963 die Transkei geschaffen, während der Regierungszeit der Premierminister John B. Vorster (seit 1966) und Pieter W. Botha (seit 1978) folgten unter anderem die „Unabhängigkeit" von Bophutatswana (1977), Venda (1979) und Ciskei (1981).

Mit seiner Homeland-Politik erstrebte Verwoerd ein eher kleines, dafür aber ganz überwiegend weißes Südafrika anstelle eines größeren Staatsgebildes, in dem die schwarze Bevölkerungsmehrheit hätte dominieren müssen. Neben dem Ziel, sozusagen auf kaltem Wege Millionen Schwarze zu rechtlosen Ausländern zu machen, hegte die Verwoerd-Regierung darüber hinaus die Hoffnung, unter den Bewohnern der Homelands eine ethnische Identität keimen und reifen zu lassen, nicht zuletzt, um nach dem Prinzip „teile und herrsche" die verschiedenen Völker gegeneinander ausspielen und einen gesamtsüdafrikanischen Nationalismus unter den Schwarzen austrocknen zu können. Mit Ausnahme des Homelands KwaZulu, der Heimat der Zulu, ging dieses Kalkül jedoch nicht auf.

Verwoerd ignorierte das Kernproblem der südafrikanischen Rassenpolitik, wenn man es denn als Problem sehen wollte: die Millionen von Schwarzen in den urbanen Zentren des Landes. Nach seiner Auffassung sollten diese der Industrie als billige Arbeitskräfte zur Verfügung stehen, im Übrigen jedoch sollten zu schaffende Grenzindustrien an den Rändern der Homelands das weitere Hereinströmen der Schwarzen in die Städte verhindern. Vor allem wegen der Unfruchtbarkeit der Böden war das Überleben in den Homelands indes kaum möglich, die Ansiedlung von Industrien kam ebenfalls über Anfänge nicht hinaus, so dass sich der mühsam kontrollierte Exodus der Schwarzen in die Städte weiter fortsetzte.

International blieb den „Republiken" die Anerkennung versagt. Das Ausland sah die staatlichen Gebilde von Pretorias Gnaden als das, was sie waren: Marionettenregime, deren „Premierminister" von der weißen Zentralregierung ausgehalten und deren Budgets vom Finanzminister der Südafrikanischen Republik (seit 1961) verantwortet wurden.

Nach Verwoerds Auffassung bestand die Rolle der Schwarzen im weißen Südafrika im Wesentlichen darin, Tätigkeiten untergeordneter Bedeutung in Industrie und Landwirtschaft zu verrichten. Entsprechend gestalteten er und seine Nachfolgeregierungen die Bildungspolitik. Stolz wurden in den 60er und 70er Jahren dem Besucher aus Übersee die hohen Bildungsausgaben für die Schwarzen vorgerechnet – Vergleichskriterien waren dabei immer etwa analoge Zahlen in anderen schwarzafrikanischen Staaten. Die Betroffenen selbst empfanden jedoch diesen Vergleich als Zumutung, maßen sie doch die Ausgaben an jenen für weiße Kinder in ihrem eigenen Lande. Danach veranschlagte die Regierung nach damaligem Umrechnungskurs rund 240 DM für einen schwarzen Schüler, was gerade einmal 6,5 % des für einen weißen Schüler vorgesehenen Betrages entsprach. Im Verlauf der 80er Jahre und angesichts eines wachsenden Bedarfes der Wirtschaft an höher qualifizierten Arbeitskräften, stieg dieser Betrag auf etwas unter 20 %.[24]

In die Ära Verwoerd fiel auch die Entscheidung, den Begriff Apartheid gegen jenen euphemistischen der „getrennten Entwicklung" einzutauschen, ein kosmetischer Versuch, mit dessen Hilfe die international anwachsende Kritik an der südafrikanischen Rassentrennungspolitik unterlaufen werden sollte. Auch die Umbenennung jenes Ministeriums, das sich vor allem mit der Politik gegenüber den Schwarzen befasste, diente diesem Ziel. Zuerst war von einer „Abteilung für Eingeborenenangelegenheiten" die Rede, dann folgte die Bezeichnung „Bantu-Angelegenheiten", vorübergehend „Abteilung für plurale Angelegenheiten" genannt, hieß das Ministerium schließlich „Abteilung für Zusammenarbeit und Entwicklung".

Die Regierungszeit John Vorsters (1966–1978) stand im Zeichen einer zunehmenden internationalen Isolation Südafrikas. Mitte der 70er Jahre wandelten sich die bis dahin zum „weißen" Vorfeld Pretorias zählenden portugiesischen Kolonien Mosambik und Angola zu so genannten Frontstaaten, die dem weißen Minderheitsregime in Pretoria zumindest verbal den Krieg erklärten und politischen Flüchtlingen Südafrikas einen Unterschlupf boten. Vorster suchte die Pariasituation seines Landes unter anderem dadurch zu neutralisieren, dass er medienwirksam den Dialog mit einigen gesprächswilligen Politikern Schwarzafrikas (insbesondere der Elfenbeinküste und Malawis) inszenierte. Etwa seit 1974 fielen die meisten Gesetze der Petty Apartheid – Touristen hatten mit Vorliebe die nach Hautfarben getrennten Parkbänke abgelichtet und mit ihren Bildern im Ausland den schon bestehenden Imageschaden Südafrikas vergrößert. Unter Vorster begann aber auch der Ausbau der staatlichen Sicherheitsorgane, um politische Gegner im In- und Ausland zu bekämpfen. Das Akronym BOSS stand für Bureau of State Security und symbolisierte den eindeutigen Herrschaftsanspruch des Amtsinhabers General van den Bergh.

Die Amtszeit P. W. Bothas (1978–1989) zeichnete sich in ihrer Anfangsphase durch vorsichtige Reformbereitschaft aus, die sich in der Abschaffung einiger Apartheidgesetze niederschlug. Dazu zählten die formale Aufhebung des Immorality Act – Verstöße gegen dieses Gesetz hatten längst überhand genommen –, die Aufhebung der so genannten Farbenschranke in der Wirtschaft – die Wirtschaft klagte seit längerem über zunehmenden Facharbeitermangel –, die Legalisierung schwarzer Gewerkschaften – wachsende Unzufriedenheit in der schwarzen Arbeiterschaft ließ sich künftig besser kanalisieren und kontrollieren – sowie die Aufhebung der Zuzugsbeschränkungen (*influx control*) für Schwarze in die Städte. Auch diese letztgenannte Reform folgte eigentlich nur den längst erkennbaren Fakten, denen zufolge die Verstädterung der Schwarzen nicht mehr aufzuhalten war.

Insgesamt jedoch erfüllte Botha die Erwartungen des In- und Auslandes bei weitem nicht. Ernüchternd wirkte insbesondere seine so genannte Rubicon-Rede in Durban vom August 1985, von der viele die Ankündigung tiefgreifender Reformen sowie möglicherweise einen Hinweis auf die baldige Haftentlassung Nelson Mandelas erwartet hatten. Statt dessen zeigte der Staatspräsident – in Bothas Regierungszeit als Premierminister fiel die Vereinigung dieses Amtes mit jenem des Staatspräsidenten – eine deutlich verhärtete Position, was in der Folge zu wirtschaftlichen Sanktionen des westlichen Auslandes führte.

Charakteristisch für die späte Amtszeit Bothas waren harte Repressionen gegen aufständische Schwarze sowie insbesondere die weitere Aufblähung des Sicherheitsapparates mit zum Teil konkurrierenden Institutionen, was dem System Botha auch die Bezeichnung Sekurokratie eintrug. „Total onslaught" – dem angeblichen Frontalangriff der kommunistischen Welt sah Botha sein Land ausgesetzt. Das Ende der Ära Botha im August 1989 signalisierte schließlich den Anfang vom Ende der Apartheid.

10. „Der lange Weg zur Freiheit"

„Der lange Weg zur Freiheit" ist der Titel der deutschen Übersetzung der Autobiographie Nelson Mandelas.[25] Er deutet treffend
den quälend-langwierigen Prozess der Befreiung der Nichtweißen
Südafrikas aus jahrhundertelanger Entrechtung und Unterdrückung an. Hatte schon vor dem epochalen Wahlsieg der Nationa-
listen unter Malan im Jahre 1948 die südafrikanische Bevölkerungsmehrheit im politischen, wirtschaftlichen und sozialen Abseits
gelebt, bedeutete die offizielle Apartheidpolitik seit jenem Jahr
eine Radikalisierung dieses Zustandes. Zugleich aber konturierte
sich das Feindbild nun klarer, die Zeiten des Bittens und Bettelns
um Zugeständnisse gehörten endgültig der Vergangenheit an, und
die Chance eines einheitlichen Vorgehens gegen die weiße Regierung zeichnete sich ab.

Zum Hauptträger von Opposition und Widerstand gegen die
weiße Minderheitsregierung in Pretoria entwickelte sich der
ANC. In ihm wirkte wiederum die Jugendliga als treibende Kraft
im Kampf um Gleichberechtigung.

Neben einigen anderen Führungspersönlichkeiten trat seit 1944
vor allem der aus der niederen Xhosa-Aristokratie stammende
Rechtsanwalt Nelson Mandela als Organisator und Wortführer im
ANC hervor. Im Jahre 1918 geboren und in methodistischen Missionsschulen erzogen, entwickelte Mandela Stolz, Geschick und
Unnachgiebigkeit bei der Verfolgung seiner Lebensziele. Während
des Jura-Studiums an der Johannesburger University of the Witwatersrand geriet Mandela in engen Kontakt mit weißen Akade-
mikern vor allem jüdischer Herkunft, die dem Rassismus der Regierung kritisch gegenüber standen. Die Freundschaften, die sich
an der Universität entwickelten und zum Teil lebenslang währten,
ließen Mandela Abstand zu streng afrikanistischen Strömungen
im ANC gewinnen, auch wenn er mit ihnen zeitweilig sympathi-
sierte.

Nach Auffassung Mandelas war Ende der 40er Jahre endgültig
die Zeit gekommen, militantere Formen politischer Aktion anzu-

wenden. Dazu zählten das so genannte Stay-at-home – also das Fernbleiben vom Arbeitsplatz –, ziviler Ungehorsam, Protestaktionen und Demonstrationen. Darüber hinaus sollten tradierte Methoden wie die Übermittlung von Petitionen weiterhin Anwendung finden. Es ist deutlich, dass das so skizzierte Arsenal der politischen Auseinandersetzung eng mit dem politischen Leben und Wirken Mahatma Gandhis in Südafrika verknüpft war. Der indische Rechtsanwalt hatte es letztlich erfolgreich zu Gunsten seiner Landsleute in Südafrika angewandt, für das Los der schwarzen Südafrikaner hatte er sich indessen nicht eingesetzt.

Mandela, wie andere schwarze ANC-Politiker auch, hatte anfänglich starke Zurückhaltung gegenüber einer Kooperation mit Indern an den Tag gelegt. Unter den Zulus in Natal, der Provinz, in dem der weit überwiegende Teil der südafrikanischen Inder lebte, waren diese als Arbeitgeber durchaus verhasst, sie galten teilweise als schlimmere Ausbeuter als die Weißen. Eine Aktion des passiven Widerstands der Inder Natals gegen diskriminierende Gesetze der Regierung im Jahre 1946 imponierte jedoch Mandela und einigen seiner Mitstreiter, so dass sich eine Annäherung ihrerseits an die indische Opposition abzuzeichnen begann.

Zunächst schwierig gestaltete sich auch das Verhältnis des ANC zu den südafrikanischen Kommunisten, deren Exponenten meist Weiße waren. Die klassenkämpferische Rhetorik missfiel vielen ANC-Repräsentanten – nicht zuletzt auch dem Aristokraten Mandela – ebenso wie deren Atheismus. Persönliche Kontakte zu Kommunisten wie auch ihre Opferbereitschaft anlässlich eines Minenarbeiterstreiks, gegen den 1946 die Regierung Smuts mit aller Härte vorgegangen war, führten jedoch zu einer Einstellungsänderung gerade bei Mandela. Im Übrigen wirkte das 1950 erlassene Gesetz zur Unterdrückung des Kommunismus' zunächst durchaus kontraproduktiv: Es führte zu einer Solidarisierung verschiedenster oppositioneller Gruppen, die sich allesamt als „kommunistisch" gebrandmarkt sahen.

Als unmittelbare Antwort auf die politische Herausforderung der Nicht-Weißen infolge des nationalistischen Wahlsieges im Jahre 1948 verabschiedete der ANC 1949 ein radikales „Aktionsprogramm", welches das Recht der Schwarzen – der ANC war zu diesem Zeitpunkt nur Afrikanern zugänglich – auf Selbstbestimmung forderte und für dieses Recht Streiks, Boykotte staatlicher Einrichtungen und zivilen Ungehorsam einzusetzen erklärte.

Mit dem wohlhabenden Arzt und Farmer Dr. Moroka trat 1949 zwar ein gemäßigter Aktivist an die Spitze des ANC, ihm zur Seite stellte der Congress jedoch Walter Sisulu als Generalsekretär und Vertreter des radikalen Flügels.

Für Mandela wurde der 1. Mai 1950 zu einem entscheidenden Datum seiner politischen Laufbahn. Für diesen Tag hatten der ANC, der South African Indian Congress sowie die Kommunisten zu einem Streik aufgerufen, um damit gegen die Bannung einiger führender Kommunisten durch die Regierung zu protestieren. Der Bann war ein typisch südafrikanisches Instrument der politischen Strafjustiz. Es erlegte dem Betroffenen Reise- und Aufenthaltsverbote sowie andere Freiheitsbeschränkungen auf, die vor allem durch ihre Kombination den Gegner praktisch neutralisierten.

Nachdem er Augenzeuge eines Polizeieinsatzes gegen Streikende des 1. Mai geworden war, an dessen Ende 18 Tote zu beklagen waren, gelangte Mandela zu dem Schluss, dass ein Zusammengehen mit Kommunisten gegen die Regierung unerlässlich sei, wollte man Erfolge erzwingen. Als neu gewähltes Mitglied des Nationalen Exekutivrates des ANC sowie als Präsident der ANC-Jugendliga beteiligte sich Mandela maßgeblich an den Vorbereitungen für die so genannte Defiance Campaign, eine „Missachtungskampagne" gegen „ungerechte Gesetze", die 1952, dem 300. Jahr seit der Landung Jan van Riebeecks in der Tafelbucht, stattfinden sollte. Die Aktion vom 26. Juni 1952 verfolgte das Ziel, mit der bewussten Übertretung bestehender Rassentrennungsgesetze deren Ungerechtigkeit anzuprangern. Freiwillige – Mandela fungierte als „nationaler Freiwilligenleiter" – besetzten für Weiße vorgesehene Zugabteile und betraten Eingänge zu Postämtern, die mit dem Schild „Nur für Weiße" versehen waren. Unter Freiheitsliedern und Schlachtrufen wie „He Malan! Öffne die Gefängnistore, wir wollen hinein, wir Freiwilligen!" ließen sich die Aktivisten verhaften und saßen häufig eine Gefängnisstrafe ab. Für den ANC bestand der Erfolg der Kampagne vor allem in der Stärkung der Moral und in einem drastischen Anstieg seiner Mitgliederzahl. Wenn sie sich nach der Aktion auch wieder verringerte, stieg sie immerhin kurzfristig von 7000 auf 100000.[26] Andererseits brach die Regierung schließlich den Widerstand, indem sie 52 politische Führer lebenslänglich bannte, fast alle prominenten Kommunisten nach dem Suppression of Communism Act verhaftete oder in den Untergrund bzw. das Exil trieb und keines der verhassten Apartheidgesetze abschaffte.

Im Dezember 1952 wählte der ANC den tiefgläubigen Christen Albert Lutuli an seine Spitze. Der Zulu-Häuptling hatte während der Defiance Campaign in Natal der Regierung mutig die Stirn geboten und in einigen Äußerungen erkennen lassen, dass nach seiner Auffassung Mäßigung und Bescheidenheit in der Auseinandersetzung mit Pretoria fruchtlos waren. Wenige Tage nach seinem Amtsantritt wurden Lutuli und über 100 weitere Afrikaner – unter ihnen auch Mandela – von der Polizei gebannt und damit in ihrer Handlungsfähigkeit stark eingeschränkt. Es folgte eine Periode der Stagnation auf Seiten des Widerstands, gepaart mit ernsten Finanzproblemen im ANC. Vor allem der Initiative des ANC-Vorsitzenden der Kapprovinz, Professor Zachariah Matthews war es zu verdanken, dass der Plan einer Art Nationalversammlung aller Anti-Apartheidgruppen ins Auge gefasst und am 26./ 27. Juni 1955 in der Ortschaft Kliptown bei Johannesburg als Volkskongress realisiert wurde. Über 2800 Delegierte aus allen Landesteilen wohnten hier der Verabschiedung der berühmten Freedom Charter, der Freiheitscharta, bei, die für Jahrzehnte das politische Programm des ANC bildete. Die Präambel der Charta hob das Recht aller Menschen Südafrikas hervor, in diesem Land zu leben, Schwarze ebenso wie Weiße. Afrikanistische Kreise nahmen daran später Anstoß. Umstritten war auch die Forderung nach Nationalisierung der Bodenschätze, Banken und „Industriemonopole". Einigen ging sie mit Blick auf eine möglicherweise sozialistische Zukunft Südafrikas nicht weit genug, andere sahen eine zu deutlich marxistische Handschrift am Werk. Wahrscheinlich im Wesentlichen von einem weißen Kommunisten geschrieben – über die Urheberschaft streiten sich bis heute die Geister – stellte das Manifest eine programmatische Plattform dar, von der aus die meisten Anti-Apartheidgruppen gemeinsam ihren Kampf gegen die Regierung fortführen konnten, es war vermutlich ihr kleinster gemeinsame Nenner.

Die Polizei hatte zum nicht geringen Erstaunen der Teilnehmer des Treffens in Kliptown nichts gegen die Veranstaltung unternommen – umso härter traf die Versammelten das Polizeiaufgebot, das am Nachmittag des 27. Juni eintraf, um unter dem Vorwurf, der Volkskongress bereite Hochverrat vor, Dokumente und sonstiges Material zu beschlagnahmen. Während der Jahre 1955/56 sammelten die Behörden weitere „Beweismittel", die in dem Hochverratsprozess der Jahre 1956–61 Verwendung finden sollten. Anfang Dezember 1956 verhaftete die Polizei 156 Aktivisten aller Hautfarben, unter ihnen auch Nelson Mandela. Die Freedom Charter bildete in dem vierjährigen Prozess das Kernstück für den Vorwurf der Staatsanwaltschaft, die Betreiber des Volkskongresses bereiteten die Schaffung eines kommunistischen Südafrikas vor. Zwar wurden alle 156 gegen Kaution für die Dauer des Verfahrens auf freien Fuß gesetzt, doch verbarg sich hinter der langen Prozessdauer eine Abnutzungsstrategie seitens der Strafverfolger, die an den Nerven der Beschuldigten und ihrer Familien sowie an den Finanzen zehrte. Es fiel ferner auf, dass dieser womöglich längste politische Strafprozess der Menschheitsgeschichte just zu jener Zeit inszeniert wurde, als die Regierung mit ihrer Homeland-Politik im Rahmen der Grand Apartheid begann. Eine kleine Randbemerkung: Die Südafrikanische Botschaft in der Bundesrepublik Deutschland bemühte sich während des Verfahrens mit Nachdruck, Aktenmaterial deutscher Behörden aus dem Prozess der Karlsruher Bundesanwaltschaft gegen die Kommunistische Partei Deutschlands (KPD) aus dem Jahre 1956 zu bekommen, der mit dem Verbot der KPD geendet hatte. Ohne das Anliegen der südafrikanischen Bittsteller – geschweige denn jenes der Angeklagten – ernsthaft zu prüfen, händigten die Deutschen das gewünschte Material aus; ob es allerdings Verwendung in dem Hochverratsprozess von Pretoria gefunden hat, lässt sich nicht verfizieren.[27]

Fand sich der ANC durch den langwierigen Prozess bereits arg in die Defensive gedrängt, komplizierte sich seine Situation seit Ende 1958 zusätzlich dadurch, dass er sich in ideologische Streitigkeiten mit seinem afrikanistischen Flügel verstrickte. Diese führten im April des folgenden Jahres zu dessen Abspaltung in Gestalt des Pan Africanist Congress (PAC) unter der Führung des angesehenen Sprachdozenten an der University of the Witwatersrand, Robert Sobukwe. Es bedeutet keine Minderung der Lebensleistung Nelson Mandelas, des berühmtesten Kämpfers gegen die Apartheid, wenn der Blick des Historikers auch einen Moment auf Robert Sobukwe verweilt. Im Jahre 1924 im Ostkap geboren und wie Mandela Zögling von Methodistenschulen, erwarb er sich einen Ruf als charismatischer Redner mit zugleich sich selbstbescheidender Haltung. Blendend aussehend, warb er für ein „Afrika den Afrikanern", für die Schaffung der Vereinigten Staaten von Afrika, zu denen jedoch auch die eigentlich so verhassten weißen Afrikaaner gehören sollten, wenn sie nur ihre Heimat einzig und allein auf diesem Kontinent sahen. Mutig und in der Methode Gandhi nicht unähnlich, ließ sich Sobukwe wegen eines bewusst kalkulierten Vergehens gegen die Passgesetze verhaften, den Rest seines Lebens verbrachte er bis zu seinem Tod 1978 entweder in Haft oder auf Robben Island in *preventative detention*, was nicht anders als mit dem verschleiernden Ausdruck „Schutzhaft" zu übersetzen ist. Auf der Gefängnisinsel spielte sich diese Form der Gefangenschaft für Sobukwe jahrelang in einem isoliert stehenden kleinen Häuschen ab – die Behörden fürchteten seinen schneidenden Intellekt und dessen Begegnung mit anderen politischen Gefangenen. Die Frage ist nicht ohne Reiz, wie der Kampf des ANC unter Oliver Tambo und später unter Nelson Mandela um die Führung der Anti-Apartheidbewegung ausgegangen wäre, hätte Sobukwe seine Fähigkeiten je voll entfalten können.

Unter seiner Leitung lehnte der PAC jede Kooperation mit Indern, Coloureds sowie vor allem weißen Linksliberalen und Kommunisten gleich welcher Hautfarbe ab. Es kam zu einer Konkurrenzsituation zwischen PAC und ANC, in deren Verlauf Sobukwe für den 21. März 1960 zu Demonstrationen gegen die Passgesetze im Township Sharpeville südlich von Johannesburg aufrief. Er wollte damit dem ANC zuvorkommen, der zu ähnlichen Aktionen, jedoch erst am 31. März aufzurufen beabsichtigte. „Sharpeville" geriet zum Synonym, zur Fratze der Apartheid weltweit. Denn während der Demonstrationen erschoss die Polizei 69 Teilnehmer, Bilder von Getöteten und Verwundeten gingen um die Welt. Pretoria verhängte den Ausnahmezustand über das Land. Erstmals seit der Machtübernahme der Nationalisten 1948 geriet die Regierung Südafrikas in eine schwere Krise, der seit Jahren anhaltende Wirtschaftsboom verzeichnete einen Knick. Auf Grund der Notstandsgesetze verhafteten die Sicherheitskräfte

Mandela, Sobukwe und andere Aktivisten, am 8. April 1960 folgte das Verbot von ANC und PAC. Beide Organisationen waren damit für die nächsten 30 Jahre illegal.

Bis zur Aufhebung des Ausnahmezustandes am 31. August 1960 blieben Mandela und andere Angeklagte des Hochverratsprozesses in Haft, danach kehrten sie bis zum Prozessende wieder zu ihren Familien zurück. Wieder in Freiheit, jedoch in Erwartung des baldigen Urteils – zeitweilig rechneten die Beteiligten durchaus mit der Verhängung der Todesstrafe – machten sich Mandela und seine Mitstreiter an die Weiterarbeit im ANC, nunmehr indes im Untergrund. Praktisch hatte Mandela zu dieser Zeit die Führung des ANC inne, seine Verteidigungsrede im Prozess hatte sein Ansehen ebenso gestärkt wie seine unerschrockene Aktivität in der Illegalität. ANC-Chef Lutuli sah sich darüber hinaus durch die Bannung in seiner Bewegungsfreiheit stark behindert.

Am 29. März 1961 sprach das Gericht in Pretoria alle Angeklagten frei, Mandela ging sofort nach der Urteilsverkündung in den Untergrund. Hier entschloss er sich bald zu einer Korrektur seiner Strategie, indem er fortab die Anwendung von Gewalt gegen das System der Apartheid – nicht jedoch gegen Personen – nicht mehr grundsätzlich ausschloss. Mehr noch: Im November erfolgte die formelle Gründung von Umkhonto we Sizwe (deutsch: Speer der Nation, kurz MK) als „bewaffneter Arm" des ANC mit dem militärischen Laien Mandela als seinem Oberbefehlshaber. Die Bildung von MK war im ANC umstritten, insbesondere Lutuli hatte Einwände und setzte immerhin durch, dass die Organisation weitgehend getrennt vom ANC operierte. Dass die ersten Anschläge von MK gegen unbelebte Objekte im Dezember 1961 mit der Verleihung des Friedensnobelpreises an Lutuli zusammenfielen, war vielleicht kein Zufall. Während die Regierung in Pretoria die Attacken von MK zu bagatellisieren versuchte, lösten sie in der weißen Bevölkerung doch einige Unruhe aus. „Moskau" musste wohl hinter den Aktionen stehen, traute man den Schwarzen doch nicht zu, Sprengsätze zu basteln und zu zünden. Auf der anderen Seite stärkten die ersten Explosionen das Selbstwertgefühl vieler Schwarzer.

Als einer der führenden Köpfe des schwarzen Widerstands unternahm Mandela Ende 1961 eine mehrmonatige Reise, die ihn in einige afrikanische Staaten sowie nach Großbritannien führte. Ziel des Unternehmens war einerseits die Werbung um Geld und sonstige Unterstützung für MK, andererseits war Mandela bestrebt, den konkurrierenden PAC auf internationalem Parkett aus dem Felde zu schlagen.

Anfang August 1962, kurz nach seiner illegalen Rückkehr in die Heimat, wurde Mandela verhaftet. Auf Grund der gegen ihn erhobenen Anklage wegen eines Aufrufes zu einem illegalen Streik sowie des Verlassens des Landes ohne gültige Dokumente verurteilte ihn das Gericht zur Höchststrafe von fünf Jahren Haft. Damit hatte die Regierung einen ihrer prominentesten Widersacher auf absehbare Zeit aus dem Verkehr gezogen. Nicht genug damit: Die Regierung Verwoerd schickte sich nunmehr an, ihren bis dahin legalistischen Kurs der Verfolgung politischer Gegner zu verlassen, indem sie sich mit dem so genannten 90-Tage-Haft-Gesetz ein bequemes Instrument schuf, politisch Verdächtige für diesen Zeitraum ohne Gerichtsverfahren einzukerkern und dies bei Bedarf auch beliebig oft – nach den Worten Justizminister Vorsters „bis diesseits der Ewigkeit" – zu wiederholen.[28] Mit psychologischer Einschüchterung, Vergewaltigung und Folter hielten darüber hinaus ungesetzliche Methoden Einzug in das Abwehrinstrumentarium der Exekutive. Es besteht kein Zweifel: Die Regierung war im Begriff, die Oberhand im Kampf gegen den schwarzen Widerstand zu gewinnen, und am 12. Juli 1963 gelang ihr denn auch der große Wurf. Auf der Farm Liliesleaf in Rivonia bei Johannesburg fielen der Polizei bei einer Razzia Berge inkriminierenden Materials in die Hände, darunter auch Dokumente, die den bereits inhaftierten Mandela belasteten. Von wenigen Ausnahmen abgesehen, konnte die Polizei in Rivonia ferner den Führungskern von ANC und MK verhaften.

Im anschließenden „Rivonia-Prozess" – oder zeitweilig offiziell: „Der Staat gegen Nelson Mandela und andere" – lautete die Anklage unter·anderem auf Vorbereitung einer gewaltsamen Revolution, Durchführung von Sabotageakten und Förderung der Ziele des Kommunismus. Die Angeklagten nutzten den Prozess weniger zu ihrer persönlichen Verteidigung denn als Plattform zur Propagierung ihrer gerechten Sache, des Kampfes um Gleichberechtigung in einem ungerechten politischen System. Sie durften sich der Aufmerksamkeit der Weltöffentlichkeit sicher sein, ein Umstand, der die Verhängung der Todesstrafe einigermaßen unwahrscheinlich machte. Mandelas Abschlussansprache vor der Urteilsverkündung gehört zweifellos in die Reihe großer historischer Verteidigungsreden. Berühmt geworden sind seine Schlussworte: „Ich habe mein Leben dem Kampf des afrikanischen Volkes geweiht. Ich habe gegen weiße Vorherrschaft und ich habe gegen schwarze Vorherrschaft gekämpft. Ich bin stets dem Ideal einer demokratischen und freien Gesellschaft gefolgt, in der alle Menschen friedlich und mit gleichen Möglichkeiten zusammenleben. Für dieses Ideal lebe und kämpfe ich. Aber wenn es sein muss, bin ich bereit, dafür zu sterben."[29]

Am 12. Juni 1964 verurteilte das Oberste Gericht in Pretoria Mandela und einige andere Angeklagte zu einer lebenslänglichen Haftstrafe. Wohl aus Furcht vor Ausschreitungen im Lande aber auch vor internationalen Sanktionen verzichtete es auf die Todesstrafe.

Mit der Inhaftierung Mandelas und anderer Verurteilter auf der Kapstadt vorgelagerten Gefängnisinsel Robben Island verschaffte sich die Regierung eine mehrjährige Ruhepause. Der schwarze Widerstand sah sich ganz eindeutig geschwächt, innerhalb der Landesgrenzen waren Aktionen kaum mehr möglich. Denjenigen, die nicht in den Kerkern verschwunden waren, blieb nur die Flucht ins Exil. Vor allem Skandinavien, Großbritannien, die sozialistischen Staaten Osteuropas sowie Sambia und Tansania bildeten die Auffangbecken für die Versprengten. Es sollte nicht zuletzt das Verdienst des neuen ANC-Chefs Oliver Tambo sein, die verschiedenen Gruppen von ANC und MK im weltweiten Exil zusammen zu halten. Interessanterweise ist vom ANC im Ausland nie ein Versuch unternommen worden, Mandela und andere prominente Kampfgefährten gewaltsam aus der Haft zu befreien, zum Beispiel mit Hilfe einer großangelegten Erpressung. Die frühen Haftjahre fielen immerhin in die Zeit spektakulärer Flugzeugentführungen, mit denen etwa palästinensische Guerilleros einsitzende Gesinnungsgenossen frei zu bekommen versuchten.

Das Land, in den Zustand der Friedhofsruhe versetzt, profitierte einige Jahre von einer weiterhin günstigen wirtschaftlichen Entwicklung, und das international wenig freundliche Image des „Apartheidstaates" erfuhr 1967 kurzfristig eine Aufhellung, als dem Kapstädter Chirurgen Christiaan Barnard die erste Herzverpflanzung am Menschen gelang.

Das Wiedererstarken einer innersüdafrikanischen Opposition fiel zu Beginn der 70er Jahre mit beginnenden wirtschaftlichen Schwierigkeiten zusammen. Die Ölkrise des Jahres 1973 bremste den Wirtschaftsboom und wie ein Wetterleuchten wirkte der Streik von mehreren tausend schwarzen Arbeitern in Natal für bessere Arbeitsbedingungen, der schließlich von Erfolg gekrönt war. Starken moralischen Auftrieb erhielt der erwachende schwarze Widerstand durch den Sturz der Diktatur in Portugal im April 1974, woraufhin unter anderem die portugiesischen Kolonien Mosambik und Angola unabhängig wurden und von Afrikanern geführte, sozialistische Regierungen bekamen. Damit schrumpfte das von Weißen beherrschte territoriale Vorfeld der Republik Südafrika auf das UN-Treuhandgebiet Südwestafrika sowie Rhodesien (heute: Simbabwe) zusammen, das 1965 einseitig seine Unabhängigkeit von Großbritannien erklärt hatte. Doch auch in Rhodesien war die Zukunft der weißen Alleinherrschaft ungewiss, im Lande tobte Mitte der 70er Jahre ein blutiger Guerillakrieg um ihre Beseitigung.

Zwei andere Entwicklungen innerhalb Südafrikas deuteten ebenfalls auf ein Ende der Ruhephase für die weiße Regierung hin: Zum einen bekundeten die Führer der von Pretoria geschaffenen Homelands größeres Selbstbewusstsein. Insbesondere Chief (deutsch etwa: Häuptling) Gatsha Buthelezi von KwaZulu betrieb eine wirkungsvolle Schaukelpolitik, indem er seine Stellung zu Auftritten in der internationalen Öffentlichkeit nutzte und dabei auch mit vorsichtiger Kritik an der Apartheid nicht sparte. Zum anderen trat die Bewegung Black Consciousness (deutsch: Schwarzes Bewusstsein) um den charismatischen Medizinstudenten Steve Biko hervor, die auf eine Befreiung der Schwarzen ohne jede Hilfe durch Weiße setzte. Die Befreiung sollte Folge und Ergebnis schwarzen Selbstbewusstseins sein und aus der Arbeit auf kommunaler Ebene hervorgehen.

Mitten hinein in die Phase wiedererstarkenden Selbstbewusstseins unter den Schwarzen Mitte der 70er Jahre traf das „Ministerium für Bantuerziehung" 1976 die Entscheidung, dass künftig Afrikaans Unterrichtssprache an Gymnasien für Schwarze sein sollte. Aus der Sicht der Betroffenen galt dieses Idiom als Symbol ihrer jahrhundertelangen Unterdrückung, und so konnte es kaum verwundern, dass in den schwarzen Townships des Landes ein

Sturm der Entrüstung losbrach. Vor allem Soweto, die riesige Vorstadt von Johannesburg, bildete den Schauplatz blutiger Zusammenstöße zwischen Schülern und weißen Sicherheitskräften. Die Straßenschlachten forderten landesweit ca. 600 Todesopfer. Um die Welt ging das Foto mit dem kleinen blutenden Hector Petersen, der von weinenden Schwarzen durch Soweto getragen wird. Den tödlichen Schüssen erlegen, erinnert heute ein Denkmal in Soweto an Hector Petersen.

Soweto war fraglos ein Wendepunkt in den Auseinandersetzungen zwischen den Schwarzen und der Regierung: Nicht unmittelbar an der Auslösung der Kämpfe beteiligt, feuerte der ANC aus dem Exil mittels Radiosendungen gleichwohl die jugendlichen Aufständischen an, durchzuhalten und Pretoria die Stirn zu bieten. Die Organisation profitierte von der schließlichen Niederschlagung der Unruhen insofern, als viele junge Aktivisten aus dem Lande flohen und sich MK als Freiwillige zur Verfügung stellten. Soweto bewirkte ferner eine deutliche Verunsicherung in der weißen Bevölkerung Südafrikas. Die politischen Veränderungen in den Nachbarstaaten hatten bereits hier und da zu Nachdenklichkeit geführt, nun griff die Irritation tiefer.

Die Regierung Vorster suchte einstweilen ihr Heil im notorischen Mittel der verschärften Repression: Mandelas Ehefrau Winnie, die sich bereits beachtlicher internationaler Reputation erfreute, wurde in den abgelegenen Ort Brandfort im Oranje-Freistaat verbannt. Im Jahre 1977 verstarb einer der Hoffnungsträger des schwarzen Widerstands, Steve Biko, in Polizeigewahrsam – wie sich später herausstellte, nicht infolge eines Unglücksfalles, sondern durch gezielte Tötung von Polizisten.

Mit dem Wechsel an der Regierungsspitze von John B. Vorster zu Pieter W. Botha im Jahre 1978 hatten In- und Ausland Hoffnungen auf eine konziliantere Haltung des Regimes verknüpft. In die Ära Botha fielen dann tatsächlich einige Gesetzesänderungen sowie im Jahre 1979 die Zulassung schwarzer Gewerkschaften. Diese Legalisierung war zweifellos eine der folgenreichsten Entscheidungen, welche die National Party jemals getroffen hatte. Denn es sollte sich zeigen, dass die Gewerkschaften einen wichtigen Kristallisationspunkt bei der Entstehung neuer Anti-Apartheidgruppen bildeten.

Im April 1979 fand jedoch auch die erste Hinrichtung eines

MK-Kämpfers statt, der das Land zusammen mit hunderten anderen von Botswana und Mosambik aus infiltriert hatte. MK demonstrierte seine Präsenz in Südafrika durch Bombenanschläge, von denen derjenige auf die Raffinerien von Sasolburg einer der spektakulärsten war. Die Botschaft dieser Aktionen lautete: es gibt den ANC, es gibt MK und beide sind im Lande der Apartheid aktiv.

„Free Mandela!" (deutsch: „Befreit Mandela!") – diese provokative Schlagzeile in der südafrikanischen „Sunday Post" vom 9. März 1980 eröffnete eine breite und international angelegte Medienkampagne zu Gunsten des „berühmtesten Gefangenen der Welt". Sie dürfte nicht wenig zu seiner schließlichen Freilassung und zum Ende der Apartheid beigetragen haben, vor allem, nachdem sich der ANC im Exil Anfang der 80er Jahre entschlossen hatte, Winnie Mandela zu einem internationalen Medienstar aufzubauen. Im Jahre 1983 verabschiedeten die Vereinten Nationen eine Resolution, die Pretoria unter anderem aufforderte, Nelson Mandela aus der Haft zu entlassen.

Immerhin: Zu Beginn des Jahres 1982 hatte die Gefängnisverwaltung Mandela und eine Reihe anderer prominenter Häftlinge von Robben Island in die Haftanstalt Pollsmoor bei Kapstadt verlegt. Die Gründe für die Verlegung sind bis heute nicht ganz klar erkennbar. Mandelas eigene Erklärung klingt durchaus plausibel, der zufolge die Regierung seinen Einfluss und den seiner Gesinnungsgenossen auf andere Gefangene der Insel unterbinden und die Gesamtgruppe der politischen Häftlinge spalten wollte. Im Lichte der späteren Entwicklung spricht aber auch einiges dafür, dass Pretoria einen streng geheimen Gesprächsfaden zu Mandela knüpfen wollte, was von Kapstadt nach Pollsmoor gut, nach Robben Island hingegen nur schwer möglich war.

Mit einer Verfassungsreform versuchte Präsident Botha 1983/84 den Anschein größerer Reformbereitschaft zu erwecken. Ein kompliziertes Dreikammersystem bot künftig Weißen, Farbigen und Indern eine politische Repräsentanz, die große Mehrheit der Schwarzen blieb indes weiterhin politisch rechtlos. Als Antwort auf die Ankündigung des neuen Systems bildete sich in Kapstadt die Dachorganisation United Democratic Front (UDF), der mehrere hundert Anti-Apartheidgruppen mit weit über einer Million Mitgliedern angehörten. Die programmatische Grundlage der

UDF war die Freedom Charter von 1955, so dass es nicht über-
raschte, wenn die UDF als legale Vertreterin des verbotenen ANC
angesehen wurde. So ziemlich alles, was Rang und Namen hatte
im Widerstand gegen die Apartheid, gehörte früher oder später
der UDF an. Der anglikanische Erzbischof von Kapstadt, Desmond Tutu, zählte zu ihren prominentesten Mitgliedern. Ausgestattet mit Charme, Witz und einem guten Schuss Selbstironie,
hielt Tutu die bunte Vielfalt der UDF-Anhängerschaft zusammen.
Als zweiter Südafrikaner nach Lutuli erhielt er 1984 den Friedensnobelpreis.

Mitte der 80er Jahre nahmen Unruhen und Gewalt vor allem in
den schwarzen Townships der Großstädte rapide zu. Neue Formen des Widerstands traten hervor: Geschäfte weißer Besitzer
wurden boykottiert und Mieten nicht mehr an die Gemeinderäte
bezahlt. Schüler verweigerten die Teilnahme am Unterricht und
reihten sich statt dessen lieber in Gruppen von Straßenkämpfern
ein. „Macht Südafrika unregierbar!" – so lautete die Jahreslosung
des ANC für 1985. Ob die Verhältnisse in den Townships die
Befolgung der Parole widerspiegelten, ist ungewiss, fest steht
indes, dass die Regierung sich erstmals seit Sharpeville 1960 genö-
tigt sah, zur Herstellung von Ruhe und Ordnung Militär in die
Townships zu entsenden. Erstmals verhängte sie auch wieder den
Ausnahmezustand über mehr als 30 der unruhigsten Magistrats-
bezirke.

Viele weiße Südafrikaner, insbesondere aber die ANC-Führung
im Ausland, gewannen zu dieser Zeit den Eindruck, die politische
Initiative gehe zusehends auf die Widerstandsgruppen um die
UDF über, die Regierung verliere mehr und mehr an Autorität.
Symptomatisch für diesen Befund war Winnie Mandelas Bann-
missachtung, als sie Brandfort unerlaubt verließ und zumindest
zeitweilig in ihr Haus nach Soweto zurückkehrte.

Ende Januar 1985 machte Präsident Botha seinem prominen-
testen Gefangenen öffentlich das Angebot ihn freizulassen, wenn
er der Gewalt abschwöre. Während einer Massenveranstaltung im
Jabulani-Stadion von Soweto ließ Mandela daraufhin durch seine
Tochter Zindzi erklären, er lehne das Angebot ab, da zunächst
Botha die Gewaltanwendung einstellen müsse.

Der Präsident hatte sich mit seiner Offerte in Zugzwang gebracht, denn jedes künftige Angebot musste nunmehr bedingungs-

los ausfallen, wollte er sich nicht völlig dem Gespött aussetzen. Mit seiner bereits erwähnten Rubicon-Rede in Durban vom August 1985 enttäuschte Botha dann jedoch alle Spekulationen über echte Reformen in Südafrika und eine Freilassung Nelson Mandelas. Statt dessen warnte er die internationale Staatengemeinschaft und rief aus: „Treibt uns nicht zu weit! Treibt uns nicht zu weit!"

Etwa um diese Zeit begann sich der Anfang vom Ende des Minderheitsregimes in Pretoria abzuzeichnen, ohne dass die Öffentlichkeit dies sofort bemerkt hätte. Ende Juli 1985 hatte die amerikanische Chase Manhattan Bank dem Drängen wichtiger Aktionärsgruppen nachgegeben und mit der Rückforderung mittelfristiger Kredite aus Südafrika begonnen. Im Verlauf des August folgten weitere bedeutende Geldinstitute in den USA und Großbritannien diesem Beispiel, so dass sich das Land Anfang 1986 in ernsthaften Zahlungsschwierigkeiten befand. Um die südafrikanische Wirtschaft war es seit der Ölkrise von 1973 ohnehin zunehmend schlecht bestellt: Das Wachstum war seither minimal, von 1985 an sank es dann jährlich um 1 %. Noch bevor internationale Sanktionen zu greifen begannen, erreichte das Wachstum zwischen 1980 und 1985 durchschnittlich nur 1,2 % jährlich. Und die Apartheid selbst trug wesentlich zu dieser ungünstigen Entwicklung bei. Die Homeland-Verwaltungen kosteten immense Summen Geldes ebenso wie das Dreikammersystem seit seiner Einführung, ganz zu schweigen von der Niederschlagung der Township-Unruhen und jenen Ausgleichszahlungen, welche die Regierung für nicht gezahlte Mieten etc. an die Gemeinderäte der Townships leisten musste. Hinzu kamen die Auswirkungen von Streiks. Die Zahl der dadurch verlorenen Arbeitstage stieg zwischen 1983 und 1986 um 1000 %. Positiv stand all dem höchstens der wachsende Warenexport auf Grund des Währungsverfalls gegenüber. Und auch das so genannte Disinvestment, der Kapitalabzug ausländischer Unternehmen im Lande zeigte relativ geringe Wirkung. Zwar zogen sich Firmen nicht selten medienwirksam aus Südafrika zurück und gaben damit dem Druck von Regierungen und Anti-Apartheidgruppen nach, doch stand hinter dem moralisch begründeten Disinvestment oft die betriebswirtschaftlich ohnehin fällige Entscheidung, dem zunehmend unattraktiven südafrikanischen Markt den Rücken zu kehren.

Nichts aber traf letztlich die Ökonomie des Landes so schwer wie der Kapitalabfluss seit etwa 1985. Ende der 80er Jahre flossen jährlich ca. zwei Mrd. US-Dollar nach damaligem Wechselkurs ab, die Währungsreserven reichten 1989 gerade aus, um die Importe für etwa fünf Wochen zu decken.[30]

Zu den innen- und wirtschaftspolitischen Kalamitäten gesellte sich Ende der 80er Jahre auch noch ein schwerwiegender militärischer Imageverlust des Landes. Seit Jahren war südafrikanisches Militär im angolanischen Bürgerkrieg auf Seiten der anti-marxistischen Guerilla engagiert gewesen, die gegen die regulären Streitkräfte Angolas sowie kubanische Einheiten kämpfte, welche Fidel Castro zur Unterstützung des Regimes in Luanda entsandt hatte. Im Mai 1988 gerieten südafrikanische Einheiten in dem südangolanischen Cuito Cuanavale in eine Belagerungssituation, aus der sie sich nur durch Flucht zu befreien vermochten. Afrikaner inner- und außerhalb Südafrikas nahmen mit Aufmerksamkeit zur Kenntnis, dass das gefürchtete südafrikanische Militär offenbar durchaus in die Knie zu zwingen war. Von der technischen Seite her betrachtet, hatte Cuito Cuanavale gezeigt, dass der jahrelange militärtechnologische Boykott Pretorias durch das Ausland Wirkung entfaltete, denn die veralteten Mirage-Bomber waren den modernen russischen MIG eindeutig unterlegen.

Andererseits sei aber am Rande vermerkt, dass dies ein bemerkenswertes Beispiel dafür ist, wie sich ein boykottierter Staat durchaus zu wehren versteht: Der halbstaatliche Rüstungskonzern Armscor bildete die südafrikanische Antwort auf die Sanktionen, er entwickelte quasi „aus der Not heraus" eigene Waffen made in South Africa. Insbesondere Artilleriegerät auf Seiten des Irak während des Golfkrieges von 1991 fand respektheischenden Einsatz. Allerdings verschlang Armscor enorme Geldmittel, ebenso wie die beachtlichen Versuche der Regierung, sich von Energielieferungen des Auslandes unabhängiger zu machen. Hatte der Iran unter der Regierung des Schah bis zur islamischen Revolution 1979 zu den zuverlässigsten Öllieferanten gezählt, änderte sich dies in den Folgejahren drastisch. Südafrika forcierte daher jene bereits seit Jahrzehnten angewandte Technologie, bei der Öl aus Steinkohle gewonnen wird. Eine Off-Shore-Anlage bei Mossel Bay produzierte darüber hinaus Öl aus Gas. Allein dieses Projekt kostete rund 3,5 Mrd. DM.[31]

Die Kubaner wären in der Lage gewesen, die Südafrikaner in Cuito Cuanavale aufzureiben. Statt dessen nutzten sie ihren Einfluss, um die Regierung in Pretoria zur Annahme jener UN-Resolution zu bewegen, welche die Unabhängigkeit des südlich an Angola angrenzenden Nachbarlandes Namibia vorsah. Nachdem Südafrika noch vergeblich versucht hatte, die ersten freien Wahlen in Namibia zu beeinflussen, gelangte in der ehemaligen deutschen Kolonie Südwestafrika im Jahre 1990 mit der South West African People's Organization (SWAPO) ein enger Alliierter des ANC an die Macht.

Die verfahrene innen- und wirtschaftspolitische Situation – schlicht: die Kosten der Apartheid – sowie die dramatischen Veränderungen an den Außengrenzen des Landes seit Mitte der 70er Jahre trugen entscheidend zum Ende der Rassentrennungspolitik bei. Dass dies sich um die Jahreswende 1989/90 erkennbar abzuzeichnen begann, hing schließlich auch mit dem Untergang des kommunistischen Staatensystems zusammen, der den weißen Eliten und Wählern Südafrikas die jahrzehntelang genährte Furcht vor einer kommunistischen Machtübernahme in ihrem Lande nahm. Mit der sowjetischen „Perestrojka" war die Zeit auch reif für eine „Pretoriastrojka".[32]

11. Die südafrikanische Revolution

Der revolutionäre Umwälzungsprozess am Kap, der sich über mehrere Jahre hinzog und die politischen Machtverhältnisse am Ende auf den Kopf stellte, war außerordentlich verwickelt und enthielt alle Ingredienzen für einen spannenden Thriller. Geheimtreffen zwischen Vertretern tödlich verfeindeter Interessengruppen gehörten ebenso dazu wie die Anbahnung persönlicher Freundschaften zwischen prominenten Schwarzen und Weißen, denen offenbar eine Schlüsselfunktion für die allmähliche Ingangsetzung des Prozesses zukam. Wenn nicht alles täuscht, spielte der menschliche Faktor in der südafrikanischen Revolution eine wichtige Rolle, allerdings gilt es bei diesem Urteil zu bedenken, dass es die harten Determinanten – wie etwa die wirtschaftlich außerordentlich schwierige Situation des Landes – waren, welche den dramatis personae die historisch einmalige Gelegenheit für ihr bedeutsames Wirken gaben. Die Quellenlage zu dem Machtwechsel am Kap ist zudem immer noch recht dürftig, alle Autoren zu diesem Themenbereich schöpfen aus einer Handvoll Büchern und Berichten, die zudem sehr zeitnah zum Geschehen verfasst wurden und das individuelle Handeln Einzelner in dem Prozess stark pointieren.[33] Und der Prozess verlief tatsächlich nicht so friedlich, wie ihn manch eine harmonisierende Betrachtung im Nachhinein sehen möchte: Tausende von Toten forderten etwa die Kämpfe zwischen Anhängern der Zulu-Partei Inkatha und ihren Gegnern in KwaZulu-Natal. Indes: Die Betonung des Friedlichen in dem Revolutionsprozess rührt womöglich auch daher, dass viele Beobachter Südafrikas mit weit Schlimmerem gerechnet hatten, oft hatte man sich den Machtwechsel in Pretoria nur in Verbindung mit einem Blutbad zwischen Schwarz und Weiß vorstellen können.

Mitte der 80er Jahre begann gleichsam hinter den Kulissen der brutalen Auseinandersetzung zwischen Schwarz und Weiß in den Townships ein loses und anfangs zweifellos zufällig gewebtes Netzwerk von Kontakten zwischen Angehörigen der weißen Eliten und des ANC zu entstehen. Es ist zumindest vordergründig eine Ironie der südafrikanischen Geschichte, dass es ausgerechnet die streng konservative Geheimorganisation Afrikaner Broederbond war, die 1986 eine Gesprächsinitiative wagte. Auf Long Island bei New York trafen sich der damalige Vorsitzende des Bond, Pieter de Lange, und das führende ANC-Mitglied im Exil (heutiger Präsident Südafrikas), Thabo Mbeki, zu einer Unterredung. Das Ziel de Langes in seiner Eigenschaft als führender Broederbond-Repräsentant war klar: Angesichts der mittelfristig ausweglosen Situation mussten Wege notfalls mit dem Feind gemeinsam ausgelotet werden, die ein Ende der Apartheid ermöglichten und zugleich aber auch die zukünftige Kontrolle des Landes durch die Weißen garantierten. Auf Seiten des ANC herrschte zu diesem Zeitpunkt Uneinigkeit darüber, ob die Befreiung Südafrikas auf dem Verhandlungswege erreicht werden sollte. Erst im Oktober 1987 befasste sich eine öffentliche Erklärung der ANC-Exekutive mit einer solchen Option.

Etwa parallel zu diesem Kontakt entwickelte sich im Lande selbst ein Gesprächsfaden, der noch größere Bedeutung erlangen sollte. Ein Zufall hatte dazu geführt, dass Anfang der 80er Jahre die in Brandfort gebannte Winnie Mandela die Frau des einzigen Anwalts am Ort, Pieter de Waal, näher kennenlernte und schließlich als Freundin gewann. Anwalt de Waal wiederum war ein alter Studienfreund von Justizminister Kobie Coetsee, der auch verantwortlich zeichnete für die politischen Gefangenen auf Robben Island. Über de Waal liefen erfolgreiche Bemühungen, für November 1985 ein streng geheimes Treffen zwischen Nelson Mandela und dem Minister zu arrangieren. Mandela hielt sich zu jener Zeit wegen einer Prostataoperation in einem Krankenhaus bei Kapstadt auf. Die Begegnung am Krankenlager verlief insofern erfolgreich, als Mandela den Eindruck gewann, dass die Regierung „Fühler ausstreckte".[34] Sein Anwalt Bizos reiste nach Lusaka, um den ANC über das Gespräch mit Coetsee zu berichten. Mandela legte konsequent Wert auf Offenheit gegenüber dem ANC, niemals durfte der Eindruck einer Durchstecherei zwischen ihm und der weißen Regierung entstehen.

Präsident Botha wurde von Coetsee über seine Kontakte zum Gefangenen Nr. 1 ebenfalls auf dem Laufenden gehalten, nach außen hin demonstrierte Botha freilich die harte Linie, die jedweden Kontakt mit dem Feind in das Reich des Unvorstellbaren verwies.

Ein Treffen weißer Geschäftsleute mit dem ANC in Lusaka im September 1985 verurteilte Botha noch routinegemäß. Doch im Grunde war der Bann gebrochen. Im Jahre 1987 trafen sich afrikaanse Akademiker – ausgerechnet solche von der konservativen Universität Stellenbosch – mit ANC-Vertretern im senegalesischen Dakar, Ende Oktober desselben Jahres gab die Friedrich-Naumann-Stiftung in Leverkusen das Forum für eine weitere wichtige Begegnung ab. Hier saßen sich erstmals ANC-Abgesandte – darunter wiederum Thabo Mbeki sowie der weiße Kommunist Joe Slovo –, führende weiße Repräsentanten Südafrikas sowie sowjetische Afrika-Experten gegenüber. Die Konferenz trug ein wenig dazu bei, Ängste der weißen Südafrikaner vor dem sowjetischen Expansionismus in Afrika zu dämpfen.[35]

Die wohl wichtigste Serie von Geheimgesprächen lief zwischen November 1987 und Mai 1990 in England. Wichtiger Repräsentant für den ANC war hier Thabo Mbeki und für das weiße südafrikanische Establishment Willem de Klerk, Bruder von F. W. de Klerk, dem Minister im Kabinett Botha und seit Ende 1989 südafrikanischer Präsident. Willem informierte seinen Bruder diskret über den Fortgang der Unterredungen, deren Absicht auf Seiten des ANC unter anderem darin bestand, über Regierungsmitglieder Informationen an die weiße Wählerschaft gelangen zu lassen, welche die Furcht vor dem ANC zerstreuen helfen sollten. Die häufigen Gespräche in England trugen ganz wesentlich zum Aufbau von Vertrauensverhältnissen zwischen den Beteiligten bei, die später wiederholt halfen, kritische Situationen im Prozess des Machtwechsels zu überstehen.

In Südafrika bildete Minister Coetsee 1988 ein Sonderkomitee, das sich beinahe fünfzig Mal zu Unterredungen mit Mandela traf. Wichtiger Teilnehmer der Gespräche war der junge Chef des Geheimdienstes National Intelligence Service (NIS), Niel Barnard. Mandela wurde zu dieser Zeit wiederholt inkognito durch die Umgebung Kapstadts chauffiert – offensichtlich, um ihn an ein Leben in Freiheit zu gewöhnen. Das Gelände des Victor-Verster-Gefängnisses bei Paarl unweit Kapstadts – hierhin hatte man ihn inzwischen verlegt – entwickelte sich zu einem Beratungsforum für ihn und weitere Gefangene von Robben Island und Pollsmoor, deren Gesprächsbeteiligung er gegenüber dem Sonderkomitee durchgesetzt hatte.

Immer mehr drängte sich nun die Frage auf, wann es zu der entscheidenden Begegnung Mandelas mit Präsident Botha kommen würde. Im März 1989 übermittelte Mandela dem Präsidenten ein Memorandum, in dem er der Regierung vorwarf, immer noch nicht zur Teilung der Macht mit den Schwarzen bereit zu sein. Mit den Kommunisten werde er nicht brechen: „Welcher Mann von Ehre … würde auf Verlangen eines gemeinsamen Gegners einen lebenslangen Freund im Stich lassen …?", schrieb er, räumte aber am Ende auch ein, dass die Ängste der Weißen vor einer schwarzen Herrschaft respektiert werden müssten.[36]

Unter strenger Geheimhaltung fand schließlich am 5. Juli 1989 die Begegnung zwischen Botha und seinem Gefangenen in der Residenz des Präsidenten statt. Folgt man Mandela, entspann sich ein lebhaftes und interessantes „Kolloquium" über südafrikanische Geschichte und Kultur. Der einzige angespannte Moment ergab sich, als Mandela die bedingungslose Freilassung aller politischen Gefangenen forderte, ein Wunsch, den der Präsident höflich aber bestimmt ablehnte.

Am 20. September 1989 wurde F. W. de Klerk als neuer südafrikanischer Staatspräsident vereidigt, nachdem Botha – gesundheitlich angeschlagen – am 14. August widerstrebend zurückgetreten war. Die schwierige gesamtpolitische Lage seines Landes einerseits, der entschlossene Reformkurs Gorbatschows in der Sowjetunion andererseits ließen den konservativen de Klerk zu dem Schluss gelangen, dass Südafrika eine radikale Kehrtwende durchmachen müsse. Insbesondere war er zu der Überzeugung gekommen, dass der ANC künftig wegen ausbleibender sowjetischer Unterstützung eine kontrollierbare Größe sein werde. Anders formuliert: Reformen an Haupt und Gliedern der Apartheid schienen jetzt riskierbar, ohne dass automatisch die weiße Vorherrschaft in Gefahr geriet. Allerdings waren hinter de Klerks Rücken die Dinge bereits so weit gediehen, dass der neue Präsident kaum mehr anders konnte, als den Weg des ernsthaften Dialogs mit dem ANC zu gehen. Ohne Wissen de Klerks hatte sein Geheimdienstchef Barnard mehrmals mit der ANC-Führung in der Schweiz konferiert. Bei diesen Gelegenheiten hatte Thabo Mbeki eindeutig signalisiert, dass der ANC seinerseits nun entschlossen in Verhandlungen mit der Regierung eintreten wolle. Erst jetzt informierte Barnard de Klerk über seine Schweizer

Kontakte. Der Präsident reagierte zunächst verärgert, dann fügte er sich der Entwicklung, „nahm den Ball und gab ihn nicht mehr ab".[37]

Ausgestattet mit präsidialer Machtfülle entledigte sich de Klerk eines Teils des Bothaschen Sicherheitsapparates und ließ eine Reihe prominenter Häftlinge, darunter den ANC-Veteranen Walter Sisulu, frei, um die öffentliche Reaktion zu testen. Am 12. und 13. Dezember 1989 kam es zu einer ersten von mehreren Begegnungen de Klerks mit Mandela, bei der dieser einen nicht ungünstigen Eindruck von dem neuen Präsidenten gewann. Offenbar gewährte de Klerk dem Gefangenen auch einen privilegierten Einblick in den Text seiner geplanten Rede zur Parlamentseröffnung am 2. Februar 1990.[38] Die Rede schlug dann wie eine Bombe ein, denn in ihr kündigte de Klerk seine Bereitschaft zu ernsthaften Verhandlungen mit dem schwarzen Widerstand an. Darüber hinaus wolle er den ANC, den PAC sowie die SACP und andere verbotene Gruppen wieder legalisieren und die Notstandsgesetze aufheben, die seit Mitte der 80er Jahre in Kraft waren. Er erklärte sich bereit, Nelson Mandela ohne Bedingungen frei zu lassen.

Nach 27 Jahren in Haft verließ Mandela in Begleitung seiner Frau Winnie am 11. Februar 1990 das Victor-Verster-Gefängnis. Tausende von begeisterten Anhängern hörten die erste Rede Mandelas in Freiheit, die er am selben Tag vom Balkon der Kapstädter City Hall hielt. Mit anerkennenden Worten für de Klerk ging er dabei eher sparsam um, vehement forderte er hingegen die Fortsetzung des Kampfes gegen die Apartheid.

Anfang Mai 1990 trafen sich erstmals Vertreter des ANC und der Regierung zu einem offiziellen Spitzengespräch auf südafrikanischem Boden, zu einem „Gespräch über Gespräche". Den Schauplatz dieser außerordentlich wichtigen Begegnung bildete Groote Schuur, die im kapholländischen Stil erbaute Residenz des Präsidenten in Kapstadt. Mandela gehörte zur Delegation des ANC ebenso wie Thabo Mbeki und der weiße Kommunist Joe Slovo, dem als Chef von MK für diese Gelegenheit freies Geleit garantiert wurde. Der zentrale Satz des historischen Groote-Schuur-Memorandums verpflichtete beide Gesprächspartner zur Eindämmung der politisch motivierten Gewalt sowie zur Einleitung eines friedlichen Verhandlungsprozesses.

Im Laufe der folgenden Monate kehrten alle Exilanten nach

Südafrika zurück, sofern sie bzw. ihre Organisationen dies wünschten. Im August 1990 erklärte Mandela einseitig das Ende des bewaffneten Kampfes, gleichzeitig blieb aber MK bestehen. Dann, im Februar 1991, einigten sich die Regierung – es war immer noch die alte aus Mitgliedern der National Party – und Mandela auf die Einberufung eines Allparteien-Kongresses, der eine Konstituierende Nationalversammlung vorbereiten sollte. Diese Einigung kann als erster Durchbruch auf dem Weg zur Demokratie in Südafrika gesehen werden.[39] Nachdem er zuvor bereits einige wichtige Apartheidgesetze aufgehoben hatte, schritt de Klerk nunmehr zur Beseitung der verbliebenen Säulen der Rassentrennung: Der Group Areas Act, die Land Acts von 1913 und 1936 sowie der Population Registration Act wurden ersatzlos gestrichen, die Apartheid gehörte de jure damit der Vergangenheit an.

Das Jahr 1991 war im Übrigen gekennzeichnet durch blutige Kämpfe zwischen der Zulu-Organisation Inkatha und Anhängern des ANC. Inkatha unter Chief Buthelezi strebte nach Autonomie und sperrte sich dem Machtanspruch des ANC, der auf ein künftig stark zentralisiertes Südafrika zusteuerte. Obwohl schwer durch handfeste Fakten zu beweisen, war es mehr als offenkundig, dass Inkatha in ihrem Widerstand gegen den ANC insgeheim vom weißen Sicherheitsapparat unterstützt wurde. Nicht nur in der Heimat von Inkatha tobten die Kämpfe, auch auf die großen Townships außerhalb von KwaZulu griffen die brutalen Metzeleien zwischen Fanatikern beider Seiten über. Vor dem Hintergrund dieser Unruhen fand am 20. und 21. Dezember 1991 im World Trade Centre von Kempton Park bei Johannesburg die von de Klerk und Mandela vereinbarte Zusammenkunft von Parteien und Vertretern der Homeland-Regierungen statt, jedoch ohne Repräsentanz der extremen weißen und schwarzen Organisationen. Die Convention for a Democratic South Africa (deutsch etwa: Versammlung für ein Demokratisches Südafrika, CODESA) verabschiedete eine Absichtserklärung und ihre Teilnehmer einigten sich auf die Einsetzung von fünf Arbeitsgruppen, die die Grundlage für eine demokratische Regierungsform erarbeiten sollte. Zeitweilig war die Zusammenkunft durch ein heftiges Wortgefecht zwischen den beiden Hauptrednern Mandela und de Klerk gefährdet gewesen. Inkatha sowie die Vertreter des Homelands Bophutatswana verweigerten ihre Unterschrift unter die Absichtserklärung.

In seiner Rede zur Parlamentseröffnung am 24. Januar 1992 unterstrich Präsident de Klerk die Bedeutung von CODESA, kündigte aber auch an, ein Referendum unter allen Südafrikanern über die Reformpolitik abzuhalten. Aus taktischen Gründen beschränkte er wenig später das Referendum nur auf die weißen Wahlberechtigten. Obwohl diese Entscheidung den Zorn der Schwarzen hervorrief, riet Mandela zur Besonnenheit. Tatsächlich stimmten dann mehr als zwei Drittel der Befragten für die Fortsetzung des nicht näher definierten Reformkurses. Die Regierung vermochte nun mit größerer Entschlossenheit diesen Kurs weiterzuverfolgen, darüber hinaus hatte das Ergebnis die numerische Schwäche der extremen weißen Rechten offenbart, die rabiat gegen eine Machtteilung mit den Schwarzen auftrat.

Im Rahmen von CODESA nahmen die fünf Arbeitsgruppen ihre Tätigkeit auf, die unter anderem zur Einsetzung eines aus mehreren Parteien gebildeten Transitional Exekutive Council, TEC, (deutsch etwa: Übergangsexekutivrat) sowie einer Independent Electoral Commission, IEC, (deutsch: Unabhängige Wahlkommission) führte. Die vierte Arbeitsgruppe befasste sich mit dem Problem der Wiedereingliederung der unabhängigen Homelands Transkei, Bophutatswana, Venda und Ciskei in die Südafrikanische Republik. Um die Frage der Macht ging es in der Gruppe 2, in der auch die schwierigsten Probleme auftauchten. Zur Diskussion standen die Konturen der künftigen Landesverfassung, die Entscheidung etwa, ob Südafrika eher zentralistisch oder aber föderalistisch strukturiert, ob das Parlament aus einer oder zwei Kammern bestehen sollte. Die Trennung der Gewalten bildete ebenso einen Streitpunkt wie das grundlegende Problem, mit welchen Mehrheiten und auf welche Weise überhaupt solche Fragen zu entscheiden seien. Die National Party strebte nach solchen Vereinbarungen, die eine möglichst große Chance zur Vetoeinlegung auch für kleinere Parteien vorsah, da sie auf unabsehbare Zeit dem übermächtigen ANC zahlenmäßig unterlegen sein würde. ANC, SACP und der Gewerkschaftsverband forderten im Mai 1992 hingegen gemeinsam eine Konstituierende Nationalversammlung aus einer einzigen demokratisch gewählten Kammer, gegen deren Beschlüsse kein Vetorecht zulässig sein sollte.

Der ANC musste an einer möglichst raschen Erledigung dieser Probleme interessiert sein, denn seine Anhängerschaft forderte

Ergebnisse, forderte eine rasche Veränderung der bestehenden Verhältnisse. Die NP hingegen spielte auf Zeit, registrierte mit Aufmerksamkeit die wachsende Nervosität des Gegners. Angesichts dieser Situation kam das Scheitern von CODESA II, wie die Gesprächsrunde vom Mai 1992 auch genannt wurde, nicht überraschend. Es erwies sich als endgültig, nachdem in Boipatong südlich von Johannesburg ein Massaker an ANC-Anhängern durch Inkatha nahestehende Hostelbewohner verübt worden war, die in ihren Mordaktionen – es blieben 49 Tote auf dem Schlachtfeld zurück – mit großer Sicherheit von Polizisten unterstützt worden waren. Der ANC verließ daraufhin CODESA und schwenkte über zur Propagierung von Massenaktionen. „Leipzig option" hieß diese Taktik in Anlehnung an die Leipziger Montagsdemonstrationen, die zum Sturz der DDR-Regierung beigetragen hatten.[40]

Ein zentrales Anliegen des ANC bestand in der Zerschlagung der Homelands, in der vollständigen Wiedereingliederung dieser Gebiete in das südafrikanische Hoheitsgebiet, denn in ihnen sah er zu Recht ein riesiges Wählerpotential. Ciskei, Bophutatswana und KwaZulu wurden dazu von der ANC-Führung als erste Objekte ausgewählt. Am 7. September 1992 fand ein Marsch auf die Hauptstadt der Ciskei, Bisho, statt, der durch die Undiszipliniertheit seines Anführers Ronnie Kasrils aus dem Ruder lief und eine Schießerei seitens Soldaten der Ciskei-Streitmacht provozierte. 29 Tote waren zu beklagen. Der ANC räumte ein Versagen ein und entschloss sich widerstrebend, an den Verhandlungstisch zurückzukehren. Ein Forum wie CODESA kam jedoch nicht mehr in Frage, statt dessen bevorzugte man nunmehr diskrete Gespräche hinter verschlossenen Türen. Diese Entscheidung war wahrscheinlich wesentlich auf das Drängen des ANC-Generalsekretärs Cyril Ramaphosa zurückzuführen, der ein freundschaftliches Verhältnis zu dem neuen Minister für Verfassungsfragen, Roelf Meyer, gefunden hatte. Ramaphosa und Meyer erarbeiteten kurz nach Bisho ein „Protokoll des Einvernehmens", dem zufolge de Klerk 500 ANC-Gefangene, die zum Teil in Todeszellen saßen, freiließ, ferner neue Sicherheitsmaßnahmen für die Männerwohnheime (Hostels) verabschiedete und das Tragen gefährlicher Waffen verbot. Letzteres zielte eindeutig auf die Inkatha und ihre traditionelle Bewaffnung mit Äxten und Speeren.

Nur wenige Tage nach der Veröffentlichung des „Protokolls" am 26. September führte das mutige Vorgehen eines führenden ANC-Aktivisten zu einem zweiten Durchbruch auf dem Weg zur Demokratisierung Südafrikas. In dem Parteiorgan „African Communist" schlug der weiße MK-Veteran Joe Slovo am 1. Oktober vor, in die kommende Übergangsverfassung eine von ihm so genannte *sunset clause*, eine „Sonnenuntergangsklausel", aufzunehmen. Danach sollte es für eine festzulegende Anzahl von Jahren zu einer Machtteilung kommen. Radikale im ANC empfanden dieses Zugeständnis an die weiße Minderheitsregierung als Zumutung, doch da Slovo einen makellosen Ruf als Revolutionär genoss, war es schwierig, ihn zu desavouieren. Grundlage der Überlegungen Slovos war, dem Präsidenten eine Partnerschaft in einer Regierung der nationalen Einheit für einen absehbaren Zeitraum zu bieten, Sicherheitsoffizieren eine Amnestie zuzugestehen und Arbeitsverträge im Öffentlichen Dienst – daran hatten Tausende von Weißen ein besonderes Interesse – zu respektieren. Es war ein Angebot, das vor allem die jüngeren Kabinettsmitglieder in der Regierung „unwiderstehlich fanden".[41] Während der Vorstoß Slovos objektiv einen Sprung nach vorn bedeutete, reagierte die Inkatha wütend und wähnte ein heimliches Komplott von ANC und NP. Als Folge trat sie mit den rechtsextremen Weißen in ein Bündnis unter der Bezeichnung Concerned South Africans Group (deutsch: Gruppe besorgter Südafrikaner, COSAG) ein.

In der ersten Jahreshälfte 1993 gingen die weißen Rechtsextremisten in die Offensive: Am 10. April, kurz nachdem sich ANC und NP wieder am Verhandlungstisch im World Trade Centre zusammengefunden hatten, erschoss im nahe gelegenen Boksburg ein polnischstämmiger Rechtsextremist den ehemaligen MK-Führer Chris Hani vor dessen Haus. Hani galt vielen als Hoffnungsträger im ANC, ihm traute man auch zu, die militanten Massen in den Townships ansprechen und lenken zu können. Südafrika schien anlässlich der Beisetzung Hanis am Rande des lange befürchteten Bürgerkrieges zwischen Schwarz und Weiß zu stehen und vermutlich nur dem rhetorischen Geschick Mandelas bei den Beerdigungsfeierlichkeiten war es zu verdanken, dass sich die Gemüter noch einmal beruhigten. Zwei Wochen später einigte man sich in Kempton Park auf den 27. April 1994 als Termin für die ersten demokratischen Wahlen in Südafrika. Als Reaktion auf diesen Beschluss stürmte am 25. Juni 1993 die weiße Rechtsextremisten-Organisation Afrikaner Weerstandsbeweging (AWB) das World Trade Centre, ohne allerdings damit etwas in ihrem Sinne zu erreichen. Auch schwarze Extremisten versuchten Stimmung gegen die Wahlentscheidung zu machen, indem sie die Parole „Ein Siedler – eine Kugel" propagierten und unter anderem wahllos weiße Gottesdienstbesucher einer Kapstädter Kirche sowie Gäste einer Kneipe in der Hafenstadt erschossen.

Nach Marathonverhandlungen im World Trade Centre, aus denen sich Chief Buthelezi zurückzog, weil seinem Beharren auf mehr Autonomie für die Provinzen nicht Rechnung getragen wurde, erzielten über 20 Parteien und Gruppierungen Mitte November 1993 eine Einigung über eine Übergangsverfassung, die am 18. Dezember in Kraft trat.

Die Verfassung sah unter anderem die Bildung einer Regierung der nationalen Einheit vor, die aus den Wahlen vom 27. April 1994 hervorgehen sollte. Das neue Kabinett würde sich aus Mitgliedern solcher Parteien zusammensetzen, die mindestens fünf Prozent der Stimmen auf sich vereinigten. Im Jahre 1999, nach fünf Jahren Übergangszeit, stünden dann Nationalwahlen an, die eine „normale" Regierung hervorbringen sollten. Bis zu den Wahlen von 1994 würde der Übergangs-Exekutivrat (TEC) quasi die Regierung bilden. Ein nicht unwesentlicher Teil der Verfassung galt der Beschwichtigung weißer Ängste. Den Minderheitsparteien – etwa der NP – wurden in Erwartung eines Wahlsieges des ANC für die ersten fünf Jahre Kabinettsposten garantiert, ebenso Positionen und Pensionen weißer Soldaten, Polizisten und Beamten. Die neue Verfassung enthielt Menschenrechtsklauseln und gestand den ebenfalls neu geschaffenen neun Provinzen (Free State, Eastern Cape, Gauteng, KwaZulu-Natal, Mpumalanga, Northern Cape, Northern Province, North-West und Western Cape) beachtliche Selbstständigkeit zu. Eine Zweikammer-Legislative sollte auch als Konstituierende Versammlung dienen, die innerhalb von zwei Jahren die endgültige Verfassung des Landes zu erarbeiten hatte. Alle wahlberechtigten Südafrikaner über 18 Jahre erhielten zwei Stimmzettel: einen für die Wahl der Nationalversammlung und einen für die Zusammensetzung der Provinzparlamente.

Nach dem entscheidenden Durchbruch reisten Nelson Mandela und Präsident de Klerk gemeinsam nach Oslo, wo sie am 14. Dezember 1993 den Friedensnobelpreis entgegennahmen. Zweifellos würdigte das Nobelpreiskomitee die Leistung beider Männer in den vergangenen Jahren, die Auszeichnung mochte aber auch eine Ermutigung sein, auf dem eingeschlagenen Weg fortzufahren.

Kurz vor den ersten freien Wahlen erfuhren die weißen Rechtsextremisten eine katastrophale Niederlage, von der sie sich nicht mehr recht erholten: Ungebeten waren einige AWB-Aktivisten der Regierung des Homelands Bophutatswana und ihrem Führer Lucas Mangope zu Hilfe geeilt, der sich einer Revolte seiner Staatsdiener gegenübersah. Vor laufenden Fernsehkameras erschoss ein schwarzer Polizist Bophutatswanas drei um ihr Leben flehende AWB-Männer. Hier offenbarte sich kläglich die Hilflosigkeit der weißen Rechtsextremen. Gemeinsam gelang es Mandela und de Klerk am 12. März, Mangope zum Rücktritt zu bewegen. In der Ciskei zog es der dortige Machthaber, Brigadier Gqozo, am 22. März vor, freiwillig seinen Posten aufzugeben. Vor den allgemeinen Wahlen hatte der ANC damit fast sein Ziel erreicht, die Homelands zu schleifen und ihre Bewohner als potenzielle Wählerschaft vorzubereiten. Es blieb allein KwaZulu Chief Buthelezi.

Im März 1994 zeigte Inkatha noch einmal ihre Zähne. Bewaffnet zogen Zulu-Kampfeinheiten mitten durch die Straßenschluchten von Johannesburg, um gegen die Übergangsverfassung zu protestieren. Bei Gewaltausbrüchen starben mehr als 40 Menschen. Acht weitere Tote unter den Zulu waren zu beklagen, als vom Shell House, dem ANC-Hauptquartier in der City, auf die Demonstranten geschossen wurde.

Im Anschluss an diesen Vorfall gelang es schließlich einem Freund Buthelezis, dem kenianischen Professor Washington Okumu, den Herrscher von KwaZulu zu überreden, doch noch an den Wahlen vom 27. April teilzunehmen.[42] Die Inkatha Freedom Party (IFP) wurde in letzter Stunde registriert, ihr Logo wurde auf die Millionen Wahlzettel zusätzlich aufgeklebt, die zuvor in Großbritannien gedruckt und eigens mit Transportmaschinen nach Südafrika gebracht worden waren.

Die in der Übergangsverfassung festgelegte Unabhängige Wahlkommission überwachte nun den kurzen Wahlkampf sowie den ordnungsgemäßen Ablauf der Wahlen, die aus organisatorischen Gründen auf drei Tage, vom 26. bis zum 28. April, gelegt worden waren. Vor den Abstimmungslokalen bildeten sich dann teilweise endlose Schlangen – die eindrucksvollen und friedlichen Bilder gemeinsam wartender Südafrikaner aller Hautfarben gingen um die Welt. Insgesamt verliefen die ersten demokratischen Wahlen in Südafrika „frei und fair", was auch von internationalen Beobachtern bestätigt wurde. Das schloss jedoch zahlreiche organisatorische Mängel nicht aus, wie etwa das gelegentliche Fehlen von Wahlurnen. Das Ergebnis brachte folgende Stimmenverteilung für die Nationalversammlung: ANC 62,6 %, National Party 20,4 %, IFP 10,5 %, die weiße rechtsextreme Freedom Front erhielt 2,17 % und der PAC 1,2 %. Der ANC war damit unter der Zwei-Drittel-Mehrheit geblieben, die es ihm erlaubt hätte, die binnen zwei Jahren zu schreibende, endgültige Verfassung Südafrikas allein zu formulieren. Dieses Resultat entsprach dem Versöhnungsprinzip Mandelas; er hatte Wert auf einen Ausgleich mit der National Party in der kommenden Regierung gelegt, trotz mancher Verstimmungen über und mit de Klerk. Es ist spekuliert worden, ob Manipulation im Spiel war, um ein Funktionieren der Übergangsregierung zu gewährleisten – Beweise dafür wurden jedoch nie vorgelegt.[43] Wie von Zauberhand gelenkt, hörten mit dem Wahlvorgang die Gewalttätigkeiten zwischen den politischen Gegnern auf.

Bei näherer Betrachtung des Wahlergebnisses zeigte sich unter anderem, dass der ANC in der überwiegend von Coloureds bewohnten Provinz Western Cape nicht an die Macht gelangt war, hier schwelte Angst vor einer schwarzen Übermacht. Die IFP trotzte dem ANC in ihrer Hochburg KwaZulu-Natal und insgesamt hatte auch die NP ein respektables Resultat erzielt. Entsprechend der Stimmenverteilung für die Nationalversammlung gingen die meisten der 27 Kabinettssitze des GNU, des Government of National Unity (deutsch: Regierung der Nationalen Einheit), an den ANC, sechs fielen an die NP und drei an die IFP. Präsident und Regierungschef wurde Nelson Mandela, seine beiden Stellvertreter Thabo Mbeki und de Klerk. Für afrikanische Verhältnisse eher ungewöhnlich erklärte Mandela schon bald nach seiner Amtsübernahme, dass er definitiv nur für eine Wahlperiode als Präsident zur Verfügung stehe, der ANC sich also für die nächsten landesweiten Wahlen im Jahre 1999 einen neuen Spitzenkandidaten suchen müsse.

Am 10. Mai 1994 trat Mandela sein Amt in einer farbenfrohen

und fröhlichen Einführungsfeier am Regierungssitz in den Union Buildings oberhalb von Pretoria an. Tausende von Südafrikanern sowie Staatsgäste aus aller Welt wohnten der Zeremonie bei. Eine neue Staatsflagge sowie die ebenfalls neue Nationalhymne „Nkosi sikelel i Afrika" (deutsch: Gott schütze Afrika) – es handelte sich um die traditionelle Hymne des ANC – beendeten symbolisch die politische Transformation, die zutreffend als „ausgehandelte Revolution" bezeichnet worden ist.[44] Diese freundliche Charakterisierung täuscht jedoch ein wenig über ihre blutigen Phasen hinweg, in denen mehrere Zehntausend Menschen ihr Leben lassen mussten.

12. Die ersten Jahre der Demokratie

„Ein besseres Leben für alle" – mit diesem nicht gerade beschei-
denen Slogan hatte der ANC Mandelas den Wahlkampf geführt
und gewonnen.

Spätestens nach dem 10. Mai begann der Alltag die junge südafrikanische Demokratie einzuholen. Zwar hatte Mandela öffentlich
erklärt, nicht jeder seiner Landsleute werde nach dem Wahltag einen Mercedes fahren können, doch trotzdem waren hohe Erwartungen geweckt worden. Vor allem die schweren Defizite und
Mängel im Wohnungsbau, im Gesundheits- sowie im Bildungswe-
sen galt es zu bekämpfen und in absehbarer Zeit spürbar zu beheben. Ein „Programm für Wiederaufbau und Entwicklung" – mit
der Vorliebe der Südafrikaner für Abkürzungen und Akronyme
RDP, Reconstruction and Development Programme genannt –
wurde aufgelegt, um unter anderem Zigtausende kleiner neuer
Häuser sowie Wasser- und Stromanschlüsse zu schaffen. Das RDP
war mit großen Hoffnungen gestartet worden, die kaum erfüllt
werden konnten. Die Regierung wies später Teilgebiete des RDP
den einzelnen Ministerien zu, ohne sein Scheitern einzugestehen.
Thabo Mbeki wurde im Juli 1996 die volle Verantwortung für das
Programm übertragen. Vom Juni desselben Jahres an versuchte
darüber hinaus die Regierung mit einem weiteren Programm –
„Strategie für Wachstum, Beschäftigung und Umverteilung" –,
eher neo-liberalen Vorstellungen folgend Wirtschaftswachstum
statt reiner Umverteilung als Antwort auf Arbeitslosigkeit und
Armut einzusetzen. Es war der Abschied des ANC von Keynesia-
nischen Ökonomievorstellungen, die dem Staat große Interventi-
onsmacht zubilligten[45]. Für viele linke ANC-Anhänger, von den
Sympathisanten der SACP ganz zu schweigen, bedeutete dieser
Schritt ein schmerzhaftes Abrücken von einst sozialistischen Positionen, die im Falle einer „Befreiung" Südafrikas auf die weitge-
hende Nationalisierung der Wirtschaft gesetzt hatten.

Eines der bemerkenswertesten Merkmale der frühen Jahre südafrikanischer Demokratie war der entschlossene Versuch der Re-

gierung, das jahrzehntelange Unrecht der Apartheid aufzuarbeiten. Nelson Mandela persönlich zeichnete dafür verantwortlich. Vergleichbar mit den Bewältigungsversuchen in den ehemaligen Diktaturen Chiles und Argentiniens, bemühte sich Südafrika mit Hilfe der Truth and Reconciliation Commission (deutsch: Wahrheits- und Versöhnungskommission, TRC) einerseits die Untaten des Apartheidregimes aufzudecken, gleichzeitig aber auch den initiierten Versöhnungsprozess über den Weg der Wahrheit voranzubringen. Zwischen April 1996 und 1998 versuchte die Kommission unter dem Vorsitz von Erzbischof Desmond Tutu auch in öffentlichen Sitzungen und Verhören Licht in die dunklen Jahre seit 1948 zu bringen.

Tutu erwarb sich bei kritischen Weißen Achtung dadurch, dass er auch die Vorwürfe gegenüber bestimmten ANC-Aktivitäten im Exil untersucht wissen wollte. Es war kein Geheimnis, dass in sambischen und tansanischen ANC-Lagern während der Jahre der Apartheid Abtrünnige und als Spitzel Verdächtigte gefoltert und getötet worden waren.

Die Arbeitsweise der TRC sah vor, dass ein Beschuldigter eine Amnestie für seine begangenen Taten beantragen konnte, wenn er die Kommission von seiner Aufrichtigkeit zu überzeugen und die Taten als eindeutig politisch motiviert darzustellen vermochte. Das galt selbst für schwerste Verbrechen. Über die TRC und ihren voluminösen Abschlussbericht ist viel geschrieben worden. Einig sind sich die meisten Kommentatoren darin, dass den Opfern und ihren Angehörigen sehr viel abstrakte Vergebungsbereitschaft zugemutet wurde angesichts der schier unglaublichen Brutalitäten, die im Laufe der Anhörungen bekannt wurden. Sogar Vorhaben für eine biologische Bekämpfung bzw. Sterilisierung der Schwarzen während der Apartheidjahre kamen ans Licht. „Das haben wir nicht gewusst" – so fiel nicht selten die Reaktion von Weißen auf so manche der Enthüllungen aus, die in ihrer Summe wohl die Einstellung vieler von ihnen zur Ära der Apartheid geändert und einer gewissen Nachdenklichkeit Platz gemacht haben. Darüber hinaus kann ein weiterer Erfolg der Arbeit der TRC darin gesehen werden, dass sie der Leidensgeschichte der Opfer ein offenes Forum bot. Enttäuscht hat sie hingegen die Erwartungen all jener, die sich von den Anhörungen ehemaliger Spitzenpolitiker der NP Einsicht in des Wortes doppelter Bedeutung versprochen hatten: Sowohl P. W. Botha als auch F. W. de Klerk wiesen die Verantwortung für Ermordungen und Folterungen politischer Gegner weit von sich. Diese „unkonventionellen Strategien" seien ohne ihr Wissen angewandt worden.[46]

Im Mai 1996 verabschiedete die Nationalversammlung die endgültige Verfassung. Nun entfielen die Regelungen aus der Übergangszeit, im Übrigen jedoch glichen sich beide Texte über weite Strecken. Das lag vor allem an den unabänderlichen 33 Grundsätzen, die sowohl die Basis für die Interims- als auch für die Verfassung von 1996 bildeten und die Südafrika eindeutig den Charakter eines liberal-demokratischen Rechtsstaates verleihen. Die Grundsätze schränken auch zukünftig den Gestaltungsspielraum bei einer Verfassungsänderung ein.[47] Mittlerweile berühmt geworden sind die Passagen, die den Menschenrechten einschließlich jenem auf sexuelle Selbstbestimmung gewidmet sind. Die herausgehobene Position des Verfassungsgerichts in Bloemfontein geht auf den starken Einfluss deutscher juristischer Beratung zurück, ebenso die deutlich föderalistische Struktur des Staatswesens, die den neun Provinzen beachtliche Eigenständigkeit einräumt. Insbesondere der verfassungsmäßig verankerte Föderalismus stößt inzwischen auf zunehmende Kritik, da er sich für ein relativ armes Land wie Südafrika als sehr kostspielig erweist.

Mit dem nahenden Ende des 20. Jahrhunderts neigte sich in Südafrika auch die Ära Nelson Mandela ihrem Ende zu. Insgesamt konnte der Präsident mit seiner Arbeit zufrieden sein. Gleichwohl: Armut und Arbeitslosigkeit bildeten nach wie vor ein gewaltiges Problem, deutlich ins Bewusstsein der Öffentlichkeit getreten waren darüber hinaus die horrende Schwerkriminalität im Lande – pro 1000 Einwohner lag sie um 1998 zehnmal höher als in Deutschland und doppelt so hoch wie in Russland – sowie die Heimsuchung vor allem der Jugend durch AIDS. Die Kriminalität konnte dabei in ihren Wurzeln wenigstens teilweise auf die Apartheidjahre zurückgeführt werden. Not, Elend und Gesetzlosigkeit brachen nun aus den Ghettos der Townships hervor und machten auch vor weißen Nobelvororten nicht Halt. AIDS war lange unterschätzt worden, nun teilte der Gesundheitsminister mit, dass sich täglich 1600 Personen mit HIV infizierten.

Vor allem auf ökonomischem Gebiet vermochte die Regierung Mandela indes auch Erfolge vorzuweisen. Es gelang ihr, das

Haushaltsdefizit sowie die Inflationsrate deutlich zu senken und ganz allgemein erhielt das Wirtschaftsmanagement international gute Noten.[48] Unter Mandela fand Südafrika als geachtetes Mitglied zurück in die internationale Staatengemeinschaft, das Land wurde wieder in das Commonwealth of Nations aufgenommen, aus dem es 1960 ausgetreten war, um einem Ausschluss wegen der Apartheid zuvor zu kommen. Wegen seiner Wirtschaftskraft wird dem Land eine Art Lokomotivfunktion für die wirtschaftliche Entwicklung im gesamten südlichen Afrika zugesprochen, es gilt heute ferner als moralische Führungsmacht der „Dritten Welt". Mandelas persönlicher Einsatz auf der Bühne der internationalen Politik galt als untadelig und eindrucksvoll, wenngleich sich Kritiker gelegentlich einen nachhaltigeren Einsatz für die Menschenrechte wünschten. Das galt etwa für die Tibet-Frage gegenüber der Volksrepublik China oder aber für die Verhinderung der Hinrichtung des nigerianischen Umweltschützers und Menschenrechtlers Ken Saro-Wiwa Ende 1995. Andererseits erzielte der Präsident bei dem libyschen Revolutionsführer Ghaddafi einen beachtlichen Erfolg, indem dieser auf Mandelas Intervention hin jene Geheimdienstler an ein Gericht in die Niederlande überstellte, die mutmaßlich für die Explosion einer PanAm-Passagiermaschine über dem schottischen Lockerbie verantwortlich waren.

Im täglichen Regierungsalltag agierte Mandela überwiegend souverän, vermochte zuweilen aber auch hart mit seinen Gegnern – selbst innerhalb des ANC – umzugehen. Bereits früh legte er eindrucksvolle Beweise seiner Fähigkeit ab, den Gegner durch Sympathie heischende Symbolhandlungen politisch zu neutralisieren. Sei es, dass er mit der Witwe des Apartheid-Architekten Verwoerd medienwirksam eine Teestunde zelebrierte oder aber, dass er im Trikot der Springboks, der traditionellen Rugby-Nationalmannschaft, auftrat. Immerhin ist Rugby die große Leidenschaft der Afrikaaner, der Feinde von einst.

Das Regieren wurde dem Präsidenten auch dadurch erleichtert, dass die National Party unter Führung von Ex-Präsident de Klerk im Mai 1996 die Übergangsregierung verließ. Es war der Partei zunehmend schwer gefallen, sich gleichzeitig als Teil der Regierung und als Hüterin von Gruppeninteressen gegenüber dem allmächtigen ANC zu präsentieren. De Klerk glaubte, mit dem Auszug aus der Regierung seiner Partei ein schärferes Profil in der

Opposition verleihen zu können, ein Kalkül, das letztlich nicht aufging: Bei Nachwahlen verlor die NP erheblich Stimmen an die liberale Democratic Party und auch ein Versuch, durch die Umbenennung in New National Party (NNP) 1998 die Identifizierung mit der Apartheid endgültig abzustreifen, schlug fehl. In einem geschickten Schachzug ernannte Mandela 1997 nach dem Abgang de Klerks seinen einstigen Widersacher Buthelezi von der IFP zu seinem weiteren Stellvertreter. Damit bestand die Regierung nur noch aus ANC und IFP – sie war sozusagen nur noch schwarz, die Opposition hingegen weiß.

Mit Erfolg baute Mandela schließlich auch seinen Nachfolgekandidaten auf. Nach einer Phase der Unbestimmtheit und des Taktierens, während der auch andere Namen gehandelt wurden, fiel die Wahl auf Thabo Mvuyelwa Mbeki. Wie Mandela stammt Mbeki aus der heute zum Ost-Kap gehörenden Transkei. Er wurde dort 1942 geboren, sein Vater Govan war zeit seines Lebens überzeugter Kommunist. Schon als Schüler schloss sich Thabo Mbeki der ANC-Jugendliga an. Auf Anweisung des illegalen ANC ging er 1962 über das damalige Bechuanaland ins Exil nach Großbritannien, wo er einen akademischen Grad in Ökonomie erwarb. Nach einem kurzen Militärtraining in der Sowjetunion 1970 verbrachte Mbeki die Jahre seines weiteren Exils in Sambia, Swaziland, Nigeria und schließlich wieder in der sambischen Hauptstadt Lusaka. Im Jahre 1975 wurde er Mitglied des Exekutivkomitees des ANC, anschließend Direktor für Information und seit 1989 bekleidete er das Amt des Chefs der Abteilung für Internationale Angelegenheiten im ANC. Wie sein Vater gehörte auch Mbeki der Kommunistischen Partei Südafrikas an, ob und wann er die Mitgliedschaft jemals formal niedergelegt hat, ist unbekannt. Nahezu an allen Geheimkontakten der weißen Regierung mit ANC-Vertretern ab Mitte der 80er Jahre war er führend beteiligt, des gleichen wirkte er mit bei den CODESA-Verhandlungen. Die südafrikanische Öffentlichkeit hat mit Thabo Mbeki ein Problem, das sie mit Mandela keinesfalls hatte: Über das Leben Mbekis ist nur sehr wenig bekannt, seine Privatsphäre und die seiner Ehefrau Zanele gilt als perfekt abgeschirmt. Thabo Mbeki ist Vater zweier Söhne, einer von ihnen verschwand im Südafrika der Apartheid spurlos.

So unbekannt wie sein Leben ist, so rätselhaft erschienen seine politische Positionen auch Insidern der südafrikanischen Politik, als er zunächst zum Nachfolger Mandelas im Amt des ANC-Präsidenten gewählt wurde. Seine Rede im Parlament anlässlich der Annahme der neuen Verfassung ließ aufhorchen: „I am an African" lauteten seine meistzitierten Worte – „ich bin ein Afrikaner". Dahinter steckte vermutlich mehr als nur der taktisch-propagandistische Versuch, Stolz bei Schwarzen zu wecken und ihre Wählerstimme zu umwerben. Denn mit Mbeki als Präsidentschaftskandidat ging der ANC in die zweiten demokratischen Wahlen des Jahres 1999. Im Ergebnis konnte die Partei ihre Machtstellung weiter ausbauen, denn mit 66,38% der gültigen Stimmen verfehlte sie die zu einer Verfassungsänderung notwendige Mehrheit nur um ein einziges Mandat. Bei der Opposition löste die Democratic Party mit 9,5% der Stimmen die NNP ab, die als Nachfolgerin der NP von über 20 auf jetzt nur noch knapp 7% fiel. Die IFP vermochte ihre Verluste in Grenzen zu halten, ihr Ergebnis sank von 10,54 auf 8,6% der Stimmen. Die Parteineugründung United Democratic Movement (UDM), eine Sammlungspartei aus versprengten Mitgliedern der NP sowie einiger schwarzer Politiker, wurde mit ca. 3,4% Stimmenanteil fünftstärkste Partei.[49]

Die Regierung unter Thabo Mbeki hat seit ihrer Amtsübernahme keinen innen- und außenpolitischen Kurswechsel vorgenommen. Mbekis mehrfach beschworene Vision einer „Afrikanischen Renaissance" stößt im In- und Ausland auf wenig Begeisterung angesichts von Bürgerkriegen und blutigen Grenzkonflikten auf dem Kontinent. Die Bekämpfung von Korruption, Schwerkriminalität und AIDS bestimmt wesentlich das Arbeitsprogramm der Regierung in Pretoria, Erfolge in diesen Bereichen tragen dazu bei, mehr Auslandsinvestitionen ins Land zu holen und die große Mehrheit der Südafrikaner aus ihrer Armut befreien zu helfen. Über die Frage, wie AIDS am besten zu bekämpfen sei, zeichnet sich innerhalb der neuen herrschenden Eliten des Landes ein Konflikt ab, dessen Verlauf und Ende nicht abzusehen sind. Derweil ist ein Fünftel der sexuell aktiven Bevölkerung des Landes sowie jede fünfte Krankenschwester infiziert und nach Schätzungen der Vereinten Nationen werden binnen drei Jahren jährlich etwa 250 000 Südafrikaner an AIDS sterben.

Nicht nur das Menetekel AIDS verdüstert um die Jahrtausendwende den Blick auf Südafrika. Es könnte sein, dass sich die großartige Idee der Versöhnung der Rassen und ethnischen Gruppen, wie sie auf einmalige Weise mit dem Namen Mandela verknüpft ist, schleichend auszehrt.

Es mehren sich in südafrikanischen Medien Meldungen über rassistische Vorfälle, bei denen Weiße eine Herrenmenschenmentalität gegenüber Schwarzen an den Tag legen. Zweifellos haben die weißen Südafrikaner keinen drastischen Einschnitt ihres Lebensstandards nach der Revolution erfahren müssen, während sich im Gegenzug das Leben vieler tausend Schwarzer seither kaum nennenswert verbessert hat. Gleichwohl sinnen nicht wenige Weiße auf Auswanderung, das Gemisch aus hoher Kriminalität und – im Vergleich zu früher – unsicheren Zukunftsperspektiven zeigt Wirkung. Unter der Losung „affirmative action" (deutsch etwa: positives Handeln) versucht die Regierung mit Nachdruck mehr und mehr Nichtweiße im Öffentlichen Dienst unterzubringen, nicht immer unter ausschließlicher Berücksichtigung von Leistungs- und Befähigungskriterien. Auch Privatfirmen müssen unter Umständen nachweisen, dass sie ihre Beschäftigten nach dem „Farbenproporz" der südafrikanischen Gesellschaft einstellen. Hier droht der sattsam bekannte Rassismus am Kap unter umgekehrtem Vorzeichen wiederzukehren, auch wenn das Ziel der Regierung, endlich deutlich mehr Nichtweiße auch in verantwortliche Positionen zu bringen, nur verständlich ist. Der allmähliche Exodus der Weißen könnte sich auch durch ihren Blick auf die andere Seite der nördlichen Landesgrenzen verstärken, wo in Simbabwe der dortige Präsident Mugabe die Enteignung weißer Farmen nicht nur toleriert, sondern sogar ermutigt. Auch diese Vorgänge muss man aus der Perspektive der Schwarzen, deren Land über Jahrhunderte von weißen Siedlern nicht selten gewaltsam „enteignet" wurde, nicht sehr tragisch finden. Allerdings nähren sie unter den Weißen im Nachbarland Südafrika die sorgfältig gepflegten Stereotypen über die „Schwarzen an der Macht" und verweisen Erzbischof Tutus Vision von der südafrikanischen „Regenbogennation", in der alle Rassen und Ethnien harmonisch zusammen leben, in das Reich der Utopie.

Auch in der Parteienlandschaft der Republik scheint sich der Trend zu „hautfarbenorientierten" Parteien zu stabilisieren. Sang- und klanglos verschmolz im September 2000 die einst allgewaltige (New) National Party mit der links-liberalen Democratic Party zur Democratic Alliance. Nach Umfragen findet diese Partei bei 80% der Weißen und immerhin noch bei 60 bis 70% der Coloureds Rückhalt, jedoch nur bei 10% der städtischen Schwarzen.

Im Zeitalter der Mediendemokratie gewinnen solche Ereignisse starke Symbolkraft, die zu anderen Zeiten angenehme Randerscheinungen gewesen wären. Sportliche Großveranstaltungen zählen ohne Frage dazu. Für Südafrika wäre eine erfolgreiche Bewerbung um die Ausrichtung der Olympischen Sommerspiele des Jahres 2004 eine immense Ermutigung gewesen, gemeinsam auf dem Weg der nationalen Versöhnung voran zu schreiten. Die Bewerbung verlief erfolglos, ebenso wie diejenige um die Ausrichtung der Fußball-Weltmeisterschaft im Jahre 2006. Fußball ist der Sport der Schwarzen in Südafrika und es bedarf keiner weiteren Erklärung, mit welchem Enthusiasmus und mit welchem Eifer sich die ganze Nation der Realisierung der WM verschrieben und welchen integrierenden Effekt ihre Vorbereitung und Durchführung vermutlich für das Land gehabt hätte.

Anmerkungen

1 David Hammond-Tooke, The Roots of Black South Africa, Johannesburg 1993, S. 21.
2 Ebd., S. 14 f.
3 Allister Sparks, The Mind of South Africa, London 1991, S. 14.
4 T. R. H. Davenport, South Africa. A Modern History, London (4)1991, S. 20.
5 Robert Ross, A Concise History of South Africa, Cambridge 1999, S. 23–26.
6 Jörg Fisch, Geschichte Südafrikas, München 1990, S. 128.
7 Vgl. Sparks, Mind, S. 65, Übersetzung von A. H.
8 Ross, a. a. O., S. 59.
9 Ebd., S. 65.
10 Wilhelm Grütter und D.J. van Zyl, Illustrierte Geschichte Südafrikas. Vollständig überarbeitete neue Ausgabe, Herford 1990, S. 40.
11 Sparks, Mind, S. 130.
12 Ross, a.a.O., S. 72.
13 Ebd., S. 73–74.
14 William Beinart, Twentieth-Century South Africa, Cape Town 1994, S. 63
15 Vgl. dazu: Christoph Marx, Im Zeichen des Ochsenwagens. Der radikale Afrikaaner-Nationalismus in Südafrika und die Geschichte der Ossewabrandwag, Münster 1998, S. 221 f.
16 Albrecht Hagemann, Südafrika und das „Dritte Reich“. Rassenpolitische Affinität und machtpolitische Rivalität, Frankfurt 1989, S. 37.
17 Wolfgang R.L. Gebhard, Schwarzer Widerstand gegen weiße Herrschaft, in: Jörn Rüsen und Hildegard Vörös-Rademacher (Hg.), Südafrika. Apartheid und Menschenrechte in Geschichte und Gegenwart, Pfaffenweiler 1991, S. 42–43.
18 Albrecht Hagemann, Nelson Mandela, Reinbek ³2000, S. 27.
19 Beinart, a.a.O., S. 137.
20 Ebd., S. 143.
21 H.-D. Laß, Die Gesetze der Apartheid, in: Freimut Duve (Hg.), Kap ohne Hoffnung oder die Politik der Apartheid, Reinbek 1978, S. 165.
22 Vgl. dazu: Werner van der Merwe, Die Berlynse sending en „Apartheid“ in Suid-Afrika, in: Historia, May 1987, S. 1–19. Mit einem englischen Summary.
23 Hagemann, Südafrika, S. 221.
24 Ross, a. a. O., S. 161.
25 Nelson Mandela, Der lange Weg zur Freiheit. Autobiographie, Frankfurt 1994.
26 Thomas Karis and Gwendolen M. Carter (Hg.), From Protest to Challenge. A Documentary History of African Politics in South Africa, 1882–1964, Stanford Ca. 1987, Vol. 2: Hope and Challenge, 1935–1952, S. 427.

27 Hagemann, Mandela, S. 56–57.

28 Mary Benson, Nelson Mandela – die Hoffnung Südafrikas, Reinbek 1986, S. 162.

29 Nelson Mandela, Der Kampf ist mein Leben. Gesammelte Reden und Schriften, Dortmund 1986, S. 285.

30 Patti Waldmeir, Anatomy of a Miracle. The End of Apartheid and the Birth of the New South Africa, LonLondon 1997, S. 132–34.

31 Ebd., S. 134.

32 Der Begriff „Pretoriastrojka" stammt von dem südafrikanischen Kabarettisten Pieter-Dirk Uys. Vgl. Uys in: The Weekly Mail and Guardian, 29. April – 5. Mai 1994, S. 15.

33 Repräsentativ in dieser Hinsicht ist das Buch von Allister Sparks, Morgen ist ein anderes Land. Südafrikas geheime Revolution, Berlin 1995

34 Ebd., S. 43.

35 Hagemann, Mandela, S. 116.

36 Mandela, Der lange Weg, S. 731.

37 Sparks, Morgen, S. 164.

38 T.R.H. Davenport, The Transfer of Power in South Africa, Cape Town, 1998, S. 9.

39 Ebd., S. 10.

40 Heribert Adam und Kogila Moodley, The Negotiated Revolution. Society and Politics in Post-Apartheid South Africa, Johannesburg 1993, S. 101 f.

41 Allister Sparks, The Secret Revolution, in: The New Yorker, 11. April 1994, S. 77 f.

42 Davenport, Transfer, S. 19.

43 Steven Friedman and Louise Stack, The Magic Moment. The 1994 Election, in: Steven Friedman und Doreen Atkinson (Hg.), South African Review 7. The Small Miracle. South Africa's Negotiated Settlement, Johannesburg 1994, S. 324.

44 Vgl. z.B. den Titel ebd.

45 John Kane-Berman, Stabile liberale Demokratie – verbreitete Gesetzesmißachtung. Südafrika zehn Jahre nach der Wende, in: Frankfurter Allgemeine Zeitung Nr. 34 vom 10. Februar 2000.

46 Davenport, Transfer, S. 103.

47 Siegmar Schmidt, Die Republik Südafrika vor dem Ende der Ära Mandela. Auf dem Weg zur demokratischen Konsolidierung?, in: Aus Politik und Zeitgeschichte B 27/99. Beilage zur Wochenschrift „Das Parlament" vom 2. Juli 1999, S. 4–5.

48 Kane-Berman, a.a.O.

49 Schmidt, a.a.O., S. 9.

Zeittafel

Vor ca. 1–3 Mio. Jahren	Australopithecus africanus, der afrikanische Südaffe, lebt im südlichen Afrika
Vor ca. 26 000 Jahren	Erste Felsmalereien der San
Um Chr. Geburt	Trennung viehzüchtender Khoikhoi von den San
Ca. 250–1100	Frühe Besiedlung durch Bantu-Völker und ältere Eisenzeit
Ca. 1100–1400	Ausdifferenzierung der südlichen Bantu nach linguistischen Kriterien
1488	Der Portugiese Bartolomeu Diaz entdeckt das Kap der Guten Hoffnung
6. April 1652	Jan van Riebeeck beginnt im Auftrag der VOC mit der Gründung einer Niederlassung am Kap
1658/59	Beginn der Sklaveneinfuhr durch die VOC, erste muslimische Gemeinden
Seit dem Ende des 18. Jh.	Grenzkriege zwischen weißen Siedlern und Xhosa, die rund 100 Jahre andauern
1806	Das Kap fällt an Großbritannien
Seit ca. 1817	Expansionismus der Zulu unter Shaka, Beginn der Mfecane
1820	4000 Briten siedeln im östlichen Grenzgebiet der Kapkolonie
1834	Das britische Parlament verfügt die Freilassung aller Sklaven am Kap
1836	Beginn des Großen Trecks der Afrikaaner
1838	Sieg der Afrikaaner über die Zulu am Blood River
Seit 184	Unter Theophilus Shepstone führen die Briten in Natal eine frühe Form der Rassentrennung ein
1852	Die Sand River Convention gewährt Afrikaanern in Transvaal Unabhängigkeit von London
1853	London gewährt seiner Kapkolonie größere Selbstständigkeit unter einer neuen Verfassung
1857	Prophezeiung von Nongquawuse führt zum massenhaften Abschlachten von Rindern durch die Xhosa
1860	Beginn der Rekrutierung indischer Zuckerrohrarbeiter
1860	Vereinigung dreier Afrikaaner-Republiken zur ZAR
1867	Erste Diamantenfunde am Vaal River
1877	Annexion der ZAR durch Großbritannien
1881	Die Pretoria Convention gewährt Afrikaanern starke Autonomie unter britischer Oberhoheit
1883	Paul Krüger zum Präsidenten der ZAR gewählt
1886	Erste Goldfunde am Witwatersrand bei Johannesburg
1890	Cecil J. Rhodes wird Premierminister der Kapkolonie

Ende 1895	Jameson-Raid
1899–1902	Südafrikanischer Krieg
1903–1907	Rekrutierung von über 62 000 chinesischen Arbeitern für die Goldminen
31. Mai 1910	Die Verfasung der Südafrikanischen Union tritt in Kraft. Mit Ausnahme der Kapprovinz gilt das Wahlrecht nur für Weiße
1912	Gründung des South African Native National Congress, im Jahre 1923 umbenannt in African National Congress
1913	Der Native Lands Act belässt ganze 7 % der Landfläche den Schwarzen, im Jahre 1936 erfolgt eine Erhöhung auf ca. 13 %
1914–1918	Teilnahme Südafrikas am Ersten Weltkrieg an der Seite Großbritanniens
1918	Gründung des Afrikaner Broederbond
1919	Gründung der ICU
1921	Bulhoek-Massaker
1922	Rand-Revolte
1934	Fusion der Nationalen Partei und der SAP zur United Party
1939–1945	Teilnahme Südafrikas am Zweiten Weltkrieg auf Seiten der Alliierten; starke Zunahme der schwarzen Bevölkerung in den Städten
26. Mai 1948	Knapper Wahlsieg der Nationalen Partei D. F. Malans und Beginn der Apartheid-Politik
1952	Missachtungskampagne gegen Apartheidgesetze, im Dezember Wahl Albert Lutulis zum ANC-Präsidenten
1955	Verabschiedung der Freedom Charter in Kliptown
1956–1961	Hochverratsprozess gegen Nelson Mandela und 155 weitere Angeklagte
1959	Abspaltung des PAC vom ANC
21. März 1960	Sharpeville-Massaker und anschließendes Verbot von ANC, PAC sowie weiterer Organisationen
31. Mai 1961	Ausrufung der Südafrikanischen Republik
12. Juni 1964	Verurteilung Mandelas und anderer zu lebenslanger Haft im sogenannten Rivonia-Prozess
1967	In Kapstadt führt Christiaan Barnard die erste Herzverpflanzung am Menschen durch
Seit 1974	Die meisten Gesetze der Petty Apartheid fallen
1975	Portugal entlässt seine Kolonien Mosambik und Angola in die Unabhängigkeit
Juni 1976	Landesweite Unruhen beginnen mit einem Schüleraufstand in Soweto bei Johannesburg
1977	Steve Biko, der Chef von „Black Consciousness", wird von Polizisten getötet
1979	Zulassung schwarzer Gewerkschaften
17. April 1980	Rhodesien wird in Simbabwe umbenannt und erhält eine schwarze Mehrheitsregierung

1983	Gründung der Anti-Apartheidorganisation UDF
1984	Erzbischof Desmond Tutu erhält den Friedensnobelpreis
1985	„Rubicon-Rede" Präsident Bothas
Seit 1985	Beginn von Rückforderungen von Krediten durch überseeische Banken
1988	Militärisches Desaster südafrikanischer Einheiten im angolanischen Bürgerkrieg
2. Februar 1990	Präsident de Klerk kündigt in seiner Rede zur Parlamentseröffnung die Freilassung Nelson Mandelas sowie weiterer politischer Gefangener und das faktische Ende der Apartheid an
11. Februar 1990	Nach mehr als 27 Jahren Haft wird Nelson Mandela in die Freiheit entlassen
21. März 1990	Unabhängigkeit Namibias
Seit 1991	Blutige Kämpfe zwischen rivalisierenden schwarzen Gruppen mit mutmaßlicher Einmischung durch reformfeindliche weiße „Sicherheitskräfte" und Rechtsextremisten
1993	Eine Übergangsverfassung für Südafrika tritt in Kraft; Nelson Mandela und Frederik Willem de Klerk erhalten gemeinsam den Friedensnobelpreis
April 1994	Aus den ersten demokratischen Wahlen geht der ANC als klarer Sieger hervor
10. Mai 1994	Nelson Mandela wird erster schwarzer Präsident Südafrikas
1996–1998	Die Truth and Reconciliation Commission bemüht sich um die Aufdeckung von Apartheidverbrechen
Mai 1996	Verabschiedung der endgültigen Verfassung Südafrikas
1999	Bei den zweiten demokratischen Wahlen baut der ANC seine Führungsrolle weiter aus, Thabo Mbeki wird Nachfolger Mandelas im Amt des Präsidenten
Mai 2000	Mit dem Kgalagadi Transfrontier National Park entsteht im Grenzgebiet von Südafrika und Botswana der erste grenzübergreifende und mit 35 000 km² Fläche zugleich größte Nationalpark im Süden Afrikas

Abkürzungen

AIDS	Acquired Immune Deficiency Syndrome
ANC	African National Congress
AWB	Afrikaner Weerstandsbeweging
BOSS	Bureau of State Security
CODESA	Convention for a Democratic South Africa
COSAG	Concerned South Africans Group
COSATU	Congress of South African Trade Unions
CPSA	Communist Party of South Africa
DDR	Deutsche Demokratische Republik
GNU	Government of National Unity
HIV	Human Immunodeficiency Virus
ICU	Industrial and Commercial Workers' Union
IEC	Independent Electoral Commission
IFP	Inkatha Freedom Party
LMS	London Missionary Society
MK	Umkhonto we Sizwe
NIS	National Intelligence Service
NNP	New National Party
NP	National Party
OB	Ossewabrandwag
PAC	Pan Africanist Congress
RDP	Reconstruction and Development Programme
SABRA	South African Bureau of Racial Affairs
SACP	South African Communist Party
SAIC	South African Indian Congress
SANLAM	Suid-Afrikaanse Nasionale Lewensassuransie Maatschappij
SANTAM	Suid-Afrikaanse Nasionale Trust Maatschappij
SAP	South African Party
SWAPO	South West African People's Organization
TEC	Transitional Executive Council
TRC	Truth and Reconciliation Commission
UDF	United Democratic Front
UDM	United Democratic Movement
VOC	Vereenigde Oost-Indische Compagnie
ZAR	Zuid-Afrikaansche Republiek

Literaturhinweise

1. Allgemeine Darstellungen

Ansprenger, F., Südafrika. Eine Geschichte von Freiheitskämpfen, Mannheim 1994

Beinart, W., Twentieth-Century South Africa, Cape Town 1994

Davenport, T. R. H. und R. Saunders, South Africa. A Modern History, London ⁵2000

De Kiewiet, C. W., A History of South Africa, Social and Economic, London 1941

De Klerk, W. A., The Puritans in Africa: A Story of Afrikanerdom, Harmondsworth 1976

Fisch, J., Geschichte Südafrikas, München ²1997

Hammond-Tooke, D., The Roots of Black South Africa, Johannesburg 1993

Hammond-Tooke, D. (Hg.), The Bantu-Speaking Peoples of Southern Africa, London 1974

Inskeep, R. R., The Peopling of Southern Africa, Cape Town 1978

Krüger, D. W., The Making of a Nation. A History of the Union of South Africa, 1910–1961, Johannesburg 1978

Maylam, P., A History of the African People of South Africa: From the Early Iron Age to the 1970s, London 1995

Reader's Digest Illustrated History of South Africa. The Real Story, Cape Town 1989

Ross, R., A Concise History of South Africa, Cambridge 1999

Sparks, A., The Mind of South Africa. The Story of the Rise and Fall of Apartheid, London 1990

van Warmelo, N.: Preliminary Survey of the Bantu Tribes of South Afrika, Pretoria 1936

Wilson, W., und L. Thompson (Hg.), The Oxford History of South Africa, 2 Vol., Oxford 1968–71

Worden, N., The Making of Modern South Africa: Conquest, Segregation, and Apartheid, Oxford 1994

2. Spezielle Werke

Adam, H. und H. Giliomee, The Rise and Crisis of Afrikaner Power, Cape Town 1993

Adam, H. und K. Moodley, The Negotiated Revolution. Society and Politics in Post-Apartheid South Africa, Johannesburg 1993

Barnard, A., Hunters and Herders of Southern Africa. A Comparative Ethnography pf the Khoisan Peoples, Cambridge 1992

Beinart, W., The Political Economy of Pondoland, 1860–1930, Cambridge 1982

Beinart W. und S. Dubow (Hg.), Segregation and Apartheid in Twentieth-Century South Africa, London 1995

Berglund, A.-I., Zulu-Thought-patterns and Symbolism, Uppsala 1976

Bizos, G., No One to Blame?, Cape Town 1997

Braun, J., (Hg.), Versöhnung braucht Wahrheit. Ein Bericht der südafrikanischen Wahrheitskommission, Gütersloh 1999

Bredekamp. H. und R. Ross (Hg.), Missions and Christianity in South African History, Johannesburg 1995

Bridgland, F., Katizas Reise. Die wahre Geschichte der Winnie Mandela. Mit einem Vorwort von Emma Nicholson, Reinbek 1997

Bundy, C., The Rise and Fall of the South African Peasantry, London 1979

Crocker, C. A., High Noon in Southern Africa. Making Peace in a Rough Neighborhood, Johannesburg 1992

Deacon, H., (Hg.), The Island. A History of Robben Island 1485–1990, Cape Town 1996

Delius, P., The Land Belongs to Us: The Pedi Policy, the Boers and the British in the Nineteenth-Century Transvaal, Johannesburg 1983

Delius, P., A Lion Among the Cattle. Reconstruction and Resistance in the Northern Transvaal, Johannesburg 1996

Ellis, S., und T. Sechaba, Comrades Against Apartheid. The ANC and the South African Communist Party in Exile, London 1992

Elphick, R., und H. Giliomee, The Shaping of South African Society, 1652–1840, Cape Town ²1989

Friedman, S. (Hg.), The Long Journey. South Africa's Quest for a Negotiated Settlement, Johannesburg 1993

Friedman, S., und D. Atkinson (Hg.), South African Review 7. The Small Miracle. South Africa's Negotiated Settlement, Johannesburg 1994

Gilbey, E., The Lady. The Life and Times of Winnie Mandela, London 1994

Guy, J., The Destruction of the Zulu Kingdom. The Civil War in Zululand, 1879–1884, London 1979

Hagemann, A., Südafrika und das „Dritte Reich". Rassenpolitische Affinität und machtpolitische Rivalität, Frankfurt 1989

Hagemann, A., Nelson Mandela, Reinbek ³2000

Hall, M., The Changing Past: Farmers, Kings, and Traders in Southern Africa, 200–1860, Cape Town 1987

Hamilton, C., Terrific Majesty. The Power of Shaka Zulu and the Limits of Historical Intervention, Cape Town 1998

Hepple, A., Verwoerd, Harmondsworth 1967

Holland, H., ANC. Nelson Mandela und die Geschichte des African National Congress, Braunschweig 1990

Joffe, Joel, The Rivonia Story, Bellville 1995

Johns, S., und R.H. Davis jr. (Hg.), Mandela, Tambo, and the African National Congress. The Struggle Against Apartheid, 1948–1990. A Documentary Survey, New York 1991

Kanfer, S., Das Diamantenimperium. Aufstieg und Macht der Dynastie Oppenheimer, München 1993

Karis, T., und G. M. Carter (Hg.), From Protest to Challenge. A Documentary History of African Politics in South Africa, 1882–1964, 4 Vol., Stanford Ca. 1987

Keegan, T., Colonial South Africa and the Origins of the Racial Order, Cape Town 1996

Kenney, H., Architect of Apartheid – H. F. Verwoerd. An Appraisal, Braamfontein 1980

Krige, E. J., The Social System of the Zulu, Pietermaritzburg 1936

Krog, A., Country of My Skull, Johannesburg 1998

Lelyveld, J., Die Zeit ist schwarz. Tragödie Südafrika, Frankfurt ²1986

Kuckertz, H., Creating Order: The Image of Homestead in Mpondo Social Life, Johannesburg 1990

Kuper, A., Wives for Cattle. Bridewealth and Marriage in Southern Africa, London 1982

Lewis, G., Between the Wire and the Wall: A History of South African „Coloured" Politics, Cape Town 1987

Lewis-Williams, D., und T. Dowson, Discovering South African Rock Art, Cape Town 1996

Lodge, T., Black Politics in South Africa Since 1945, Johannesburg 1989

Lodge, T., B. Nasson, S. Mufson, K. Shubane and N. Sithole, All, Here, and Now: Black Politics in South Africa in the 1980s, London 1992

Malan, R., Mein Verräterherz. Mordland Südafrika, Reinbek 1994

Mandela, N., Der lange Weg zur Freiheit. Autobiographie, Frankfurt 1994

Marks, S., und A. Atmore (Hg.), Economy and Society in Pre-Industrial South Africa, London 1980

Marx, C., Im Zeichen des Ochsenwagens. Der radikale Afrikaaner-Nationalismus in Südafrika und die Geschichte der Ossewabrandwag, Münster 1998

Mbeki, G., Learning from Robben Island. The Prison Writings of Govan Mbeki, Cape Town 1992

Mendelsohn, R., Sammy Marks. The Uncrowned King of the Transvaal, Cape Town 1995

Merrett, C., A Culture of Censorship. Secrecy and Intellectual Repression in South Africa, Cape Town 1994

Moodie, T. D., The Rise of Afrikanerdom – Power, Apartheid, and the Afrikaner Civil Religion, Berkeley Ca., 1975

Mostert, N., Frontiers: The Epic of South Africa's Creation and the Tragedy of the Xhosa People, London 1992

Newton King, S., Masters and Servants on the Cape Eastern Frontier, 1760–1803, Cambridge 1999

Pakenham, T., The Boer War, New York 1979

Peires, J., The House of Phalo, Johannesburg 1981

Peires, J., The Dead Will Arise. Nongawuse and the Great Xhosa Cattlekilling Movement of 1856–7, Johannesburg 1989

Posel, D., The Making of Apartheid, 1948–1961. Conflict and Compromise, Oxford 1991

Reitz, D., Commando. A Boer Journal of The Boer War, London 1983

Reitz, F. W., A Century of Wrong, London 1900

Roberts, M., und A. E. G. Trollip, The South African Opposition 1939–1945. An Essay in Contemporary History, London 1947

Ross, R., Cape of Torments. Slavery and Resistance in South Africa, London 1982

Ross, R., Status and Respectability in the Cape Colony, 1750–1870, Cambridge 1999

Roux, E., Time Longer than Rope. A History of the Black Man's Struggle for Freedom in South Africa, Madison Wisc. 1966

Rüsen, J. und H. Vörös-Rademacher (Hg.), Südafrika. Apartheid und Menschenrechte in Geschichte und Gegenwart, Pfaffenweiler 1991

Sampson, A., Nelson Mandela. Biographie, Stuttgart 1999

Sanders, P., Moshoeshoe. Chief of the Sotho, London 1975

Saunders, C., The Making of the South African Past. Major Historians on Race and Class, Cape Town 1988

Schrenk, F., Die Frühzeit des Menschen. Der Weg zum Homo sapiens, München 1997

Shain, M., The Roots of Antisemitism in South Africa, Charlottesville Ca. 1994

Shimoni, G., Jews and Zionism: The South African Experience 1910–1967, Cape Town 1980

Slovo, J., The Unfinished Autobiography. With an Introduction by Helena Dolny, Randburg 1995

Smith, A., C. Malherbe, E. Boonzaier and P. Berens, The Cape Herders. A History of the Khoikhoi of Southern Africa, Cape Town 1996

Smith, I., The Origins of the South African War, 1899–1902, London 1996

Smith, K., The Changing Past. Trends in South African Historical Writing, Johannesburg 1988

Sparks, A., Morgen ist ein anderes Land, Berlin 1995

Townley Johnson, R., und T. Maggs, Major Rock Paintings of Southern Africa, Cape Town 1991

Van Onselen, C., The Seed is Mine. The Life of Kas Maine, a South African Sharecropper 1894–1985, New York 1996

Voices from Robben Island. Compiled and Photographed by Jürgen Schadeberg, Randburg 1994

Wahrheits- und Versöhnungskommission Südafrika. Das Schweigen gebrochen, Mit einem Vorwort von Erzbischof Desmond Tutu, Frankfurt 1999

Waldmeir, P., Anatomy of a Miracle. The End of Apartheid and the Birth of the New South Africa, London 1997

Walker, C. (Hg.), Women and Gender in Southern Africa to 1945, Cape Town 1990

Walker, C., Women and Resistance in South Africa, Cape Town ²1991

Walshe, P., The Rise of African Nationalism in South Africa. The African National Congress 1912–1952, Berkeley Ca., 1972

Wilkins, I., und H. Strydom, The Super-Afrikaners. Inside the Afrikaner Broederbond, Johannesburg 1980

Worden, N., Slavery in Dutch South Africa, Cambridge 1985

Yudelman, D., The Emergence of Modern South Africa. State, Capital, and the Incorporation of Organized Labour on the South African Gold Fields, 1902–1939, Cape Town 1984

Südafrika
Die neuen Provinzen

- - - - Staatsgrenze

———— Provinzgrenze

◉ Hauptstadt

West-Kap Name
der Provinz

N

Das heutige Südafrika nach der Wende vom Apartheidstaat zur Demokratie

Register

(Auflösung der Abkürzungen siehe Verzeichnis S. 123)

Afrika im Verlag C.H.Beck

Rhena Schweitzer Miller/Gustav Woytt (Hrsg.)
Albert Schweitzer – Helene Bresslau
Die Jahre vor Lambarene Briefe 1902–1912
1992. 406 Seiten mit 19 Abbildungen. Leinen

Johannes Fabian
Im Tropenfieber
Wissenschaft und Wahn in der Erforschung Zentralafrikas
2001. Etwa 420 Seiten mit 14 Abbildungen, 1 Karte und 2 Tabellen. Leinen

Dirk Draulans
Im Dschungel
Afrika, Affen und andere Leidenschaften
Aus dem Niederländischen von Annette Löffelholz
2001. 349 Seiten. Gebunden

John Iliffe
Geschichte Afrikas
Aus dem Englischen von Gabriele Gockel und Rita Seuß
2. Auflage. 2000. 435 Seiten mit 14 Karten. Broschierte Sonderausgabe

Franz Ansprenger
Politische Geschichte Afrikas im 20. Jahrhundert
3., neubearbeitete und erweiterte Auflage. 1999. 240 Seiten. Paperback
Beck'sche Reihe Band 468

Holger Ehling/Peter Ripken (Hrsg.)
Die Literatur Schwarzafrikas
Ein Lexikon der Autorinnen und Autoren
1997. 124 Seiten mit 18 Abbildungen. Paperback
Beck'sche Reihe Band 1233

Wilfried Röhrich
Die politischen Systeme der Welt
1999. 134 Seiten. Paperback
Beck'sche Reihe Band 2128
C.H.Beck Wissen

Verlag C.H.Beck München

Internationale Politik im Verlag C.H.Beck

Dieter Nohlen (Hrsg.)
Kleines Lexikon der Politik
2001. Etwa 608 Seiten. Paperback
Beck'sche Reihe Band 1418

Vittorio Hösle
Moral und Politik
Grundlagen einer politischen Ethik für das 21. Jahrhundert
1997. 1216 Seiten. Leinen

Ernst-Otto Czempiel
Kluge Macht
Außenpolitik für das 21. Jahrhundert
1999. 274 Seiten. Leinen

Jürgen Osterhammel
Kolonialismus
Geschichte – Formen – Folgen
3., durchgesehene Auflage. 2000. 143 Seiten. Paperback
Beck'sche Reihe Band 2002
C.H.Beck Wissen

Herwig Birg
Die Weltbevölkerung
Dynamik und Gefahren
1996. 144 Seiten mit 17 Abbildungen. Paperback
Beck'sche Reihe Band 2111
C.H.Beck Wissen

Verlag C.H.Beck München